はじめに

私は株式会社フォーバルの創業者として、約40年間中小企業の成長発展のために働いてきました。そして日本全国で10万社以上のお客様とお付き合いする中で、中小企業が抱えている問題点、課題を明らかにして、1つでも多くの課題を解決すべく、情報通信業界の「新しいあたりまえ」を標榜《ひょうぼう》して取り組んできました。

また約8万社の中小企業会員を抱える東京商工会議所の副会頭兼中小企業委員会委員長として、さらには約130万社の中小企業会員を擁する日本商工会議所の特別顧問兼中小企業委員会共同委員長として、日本の宝である中小企業及び小規模事業者がこれ以上減ることなく、長く存続していただくための活動に従事しております。

現在、我が国の中小企業及び小規模事業者は、日本の全企業数のうち99・7%を占めています。雇用の全体の約70%を支え、従業員の給料支払総額は約40%、社会保険料の事業主拠出分の約50%を負担するなど、雇用を通じて日本の財政や経済に大きく貢献しています。それだけではなく、地域の暮らしを支える生活基盤を提供するなど、地域経済の活性化に寄与しています。

　その中小企業及び小規模事業者が、現在世界的に蔓延《まんえん》している新型コロナウイルス感染症によって大きな影響を受けております。我が国の経済においても、２０２０年４～６月期実質ＧＤＰ成長率が年率換算で前期比マイナス27・８％もの大幅減になりました。これは比較可能な１９８０年以降、最大の下げ幅です。リーマンショックや東日本大震災をはるかに超える打撃だと言っても過言ではありません。

　多くの大企業が減収減益となり、大規模なリストラあるいは雇止《やとい ど》めを行っていますが、中小企業及び小規模事業者も決してその例外ではありません。

　しかし、仮に新型コロナウイルスの感染拡大がなかったとしても、中小企業及び小規模事業者は、大企業とは比較にならないほどの問題を抱えています。私は、中小企業及び小規模事業者が直面している本質的な問題として、次の３つがあると思っています。

１．深刻化する人手不足
２．事業承継問題
３．低い生産性

なかでも人手不足問題については、日本商工会議所／東京商工会議所の調査によると、実に60・5％の企業が人手不足を感じているという報告もあります。

事業承継問題については2018年、事業承継税制が大きく改正されていますが、その改正の内容を知っていると答えた企業は24％しかありません。

また生産性向上のために、ITツールを活用している企業はわずか57・7％で、まだまだその認知度は低く、対応は遅れていると言わざるを得ません。

私は、これらの解決なくして真の成長はない、と思っております。

では、中小企業及び小規模事業者は、どのように対応していけばいいのでしょうか。

私はこの本を通じて、皆さんに少しでもヒントになることをお伝えできればと思っております。この本が中小企業及び小規模事業者の皆さんにとっての一助となれば幸いです。

はじめに……3

第1章 人手不足問題を解決するための突破口

中小企業及び小規模事業者の減少……14
過去10年間の海外進出失敗から見えてきたこと……17
海外進出は準備が大切……21
海外進出で広がる可能性……25
ケース1 製造業の海外展開 S社の場合……26
ケース2 製造業の海外展開 Y社の場合……31
ケース3 食品製造業の海外展開 K社の場合……35
ケース4 食品製造業の海外展開 S社の場合……38
海外進出サポート企業を活用する……41

第2章

中小企業を悩ます事業承継問題の処方箋

経営者の高齢化によって生じる事業承継問題……50
大幅な税制改正「事業承継特例税制」……54
前経営者が個人保証した債務の問題……57
事業承継の成功ポイント……61
新たな選択肢「第三者承継」とは……63
「事業承継特例制度」を活用した事業承継の事例……65
ケース1 グループ会社の事業承継にかかる税金を100％猶予……66
ケース2 航空宇宙分野を支える機械部品加工業の事業承継……67
ケース3 株式分散を防ぐための事業承継……68
金融機関から経営者保証を求められなかった事例……69
ケース1 法人と経営者の関係の明確な区分・分離を行ったA社の場合……69

ケース2　勘定科目内訳明細書などの資料を追加提出したB社の場合……70
ケース3　債務超過だったC社の場合……71
M&Aによる事業承継事例……73
ケース1　大手企業の傘下に入ったA社の場合……73
ケース2　一時は廃業を検討しながらもM&Aで事業が拡大したE社の場合……76
企業の目的とは……78

第3章　生産性を高めるだけにとどまらない！メリットだらけのDX化

デービッド・アトキンソン氏の主張に対する疑問……82
中小企業及び小規模事業者が抱える本質的課題……85

「Society5・0」と「第4次産業革命」……87
進化を続けるIT……90
挑戦すべきはデジタルトランスフォーメーション……93
デジタル革命をビジネスチャンスにするか、取り残されるか……96
DXによって変わり始めた企業……106
中小企業にとって大きなメリットとなるDX化……124
DXを普及させるために必要な3つの条件……133

第4章 どれだけ時代が変わっても守るべきは「企業理念とビジョン」

企業理念とビジョン……136
感動のサービスを提供する──リッツ・カールトン・ホテル……142
どうやって理念を浸透させたのか……147

すべては人なり──パブリックス……149
企業哲学の伝道……154
理念の共有……160
なぜ、ビジョンが必要なのか……162

第5章 企業はどうあるべきか 企業家はどう生きるべきか

企業の在り方とは……172
ナンバー2の必要性……174
もっとも大切なのは心の教育……177
人を幸せにした企業が成功する……178
企業の財務的価値よりも人間的側面が大切……183
助け合いと相互承認の時代……184

川越胃腸病院が追求する組織づくりの妙……189
コーズ・リレーテッド・マーケティング……194
ケース1 SDGsを自社の稼ぐ力向上に活用、新規顧客獲得や社内活性化に効果……199
ケース2 日々排出される廃棄物に着目、新商品開発に成功……201
ケース3 三方良しかつエコなビジネスモデルでブランド強化……202
おわりに……204
主な参考文献……207

第1章

人手不足問題を解決するための突破口

中小企業及び小規模事業者の減少

現在、中小企業及び小規模事業者は深刻な人手不足に悩まされています。なぜ人手不足が深刻化しているのかについては、改めて説明するまでもないでしょう。日本の総人口が減少傾向をたどっているからです。

とりわけ労働力の中核となる生産年齢人口は、今後急速に減少していきます。生産年齢人口とは、日本国内において労働に従事できる年齢の人口のことです。おもに15歳以上65歳未満の年齢に該当する人がこれに含まれます。

国立社会保障・人口問題研究所が出している「日本の将来推計人口（平成29年推計）」によると、出生高位・死亡中位を仮定した場合、総人口に占める生産年齢人口の比率は、2015年の60・8％が2030年には56・9％に、さらに2040年には53・5％、2050年には51・9％と低下していきます。

ちなみに実数で見ると、2015年の生産年齢人口は9322万7000人。これが2050年には6765万9000人まで減ることが予測されています。このように人口減少、とりわけ生産年齢人口の減少にともなって、働く現場の人手不足が深刻化しており、なかには企業経営の存続にまで影響を及ぼし始めています。

1980年代の日本には、中小企業及び小規模事業者が約530万社ありました。それが2001年には469万社、2016年には358万社と、年々その数が減ってきています。しかもこの大事業承継時代（経営者の高齢化によって、多くの中小企業が迎える経営交代期）においては、その勢いがさらに増すことが想定されています。

なかでも最大の問題は、倒産・休廃業する企業のうち、約60％の企業が実は黒字だということです。黒字であるにもかかわらず会社を倒産させたり、廃業させたりすることは、絶対にあってはなりません。会社は存続し続けることに意義があるからです。

まさに今、なにがしかの手を打たなければ、倒産・休廃業がさらに増えてしまう恐れがあります。

では、どうすればいいのでしょうか。私はその処方箋《しょほうせん》の1つとして、中小企業や小規模事業者も海外進出を積極的に検討する必要があると考えています。

2013-2019年の休廃業・倒産数とそのうち黒字倒産の割合

休廃業・解散　倒産件数　年次推移

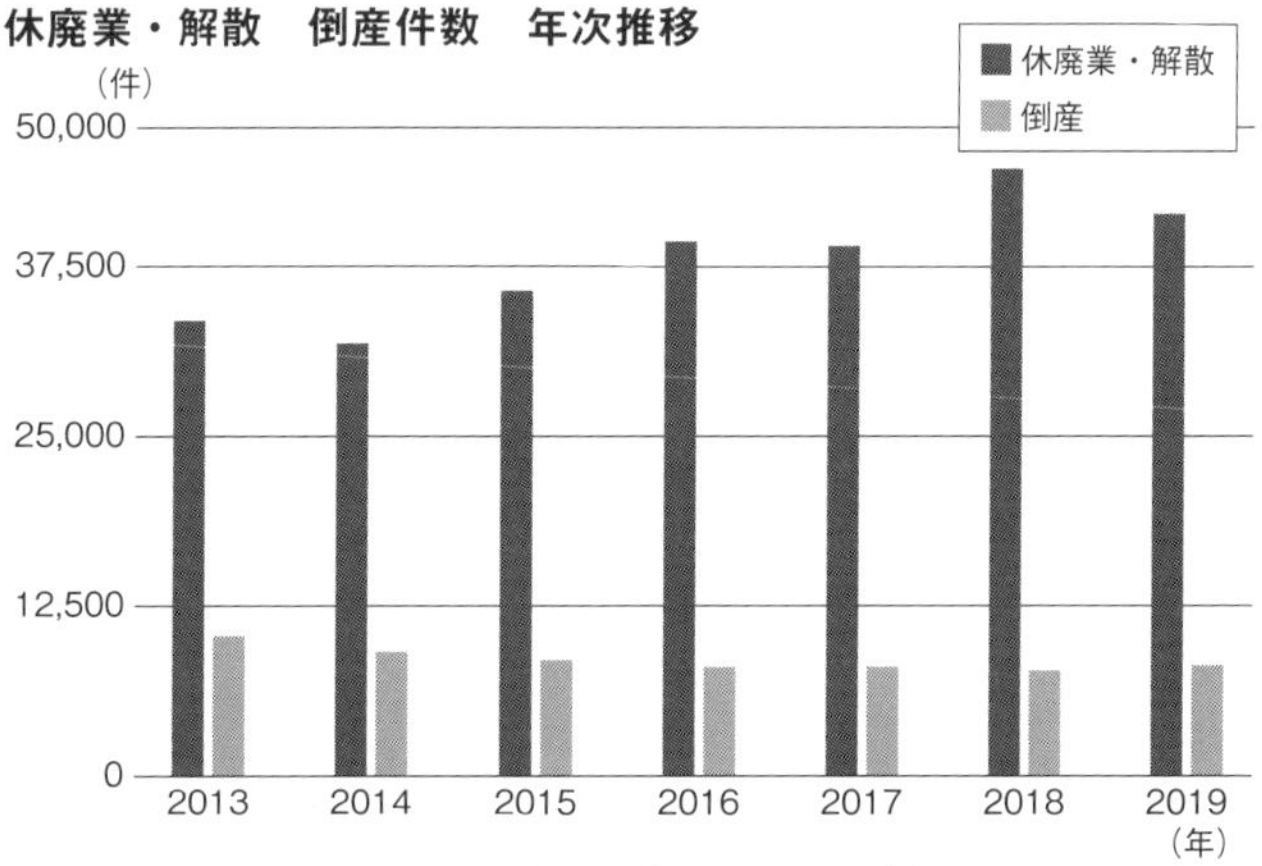

- 休廃業企業の代表者の約4割が70代で、60代以上で見ると8割を超える。
- 代表者の高齢化が休廃業・解散を加速する要因になっている。

休廃業・解散　損益別

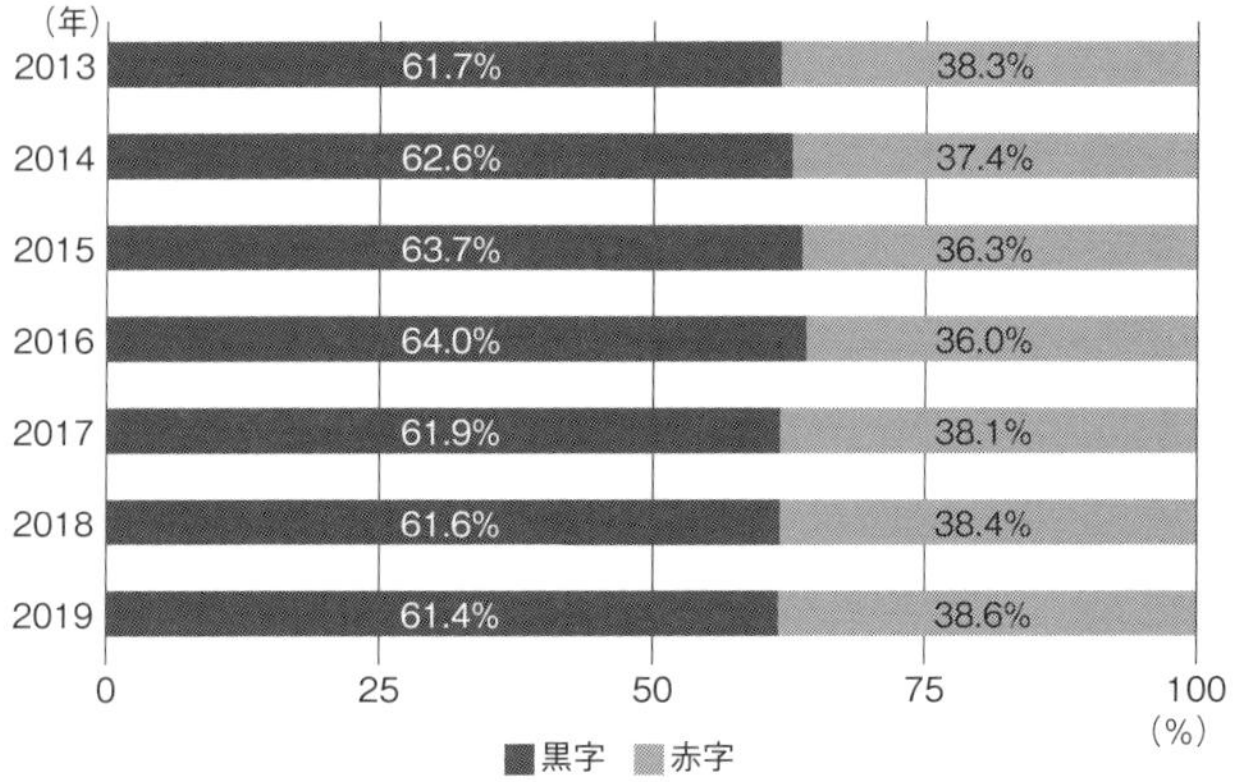

- 黒字倒産割合は2017年以降は低下傾向とはいえ、依然として60%以上の企業が黒字倒産。

（出典：東京商工リサーチ「2019年　休廃業・解散企業動向調査」）

過去10年間の海外進出失敗から見えてきたこと

すでに日本国内の人口減少に対応するため、約30％以上の企業は、市場開拓や人材確保を目的として、海外取引や海外進出を展開しています。

しかし、それがうまくいったかというと過去10年間の進出企業と撤退企業の割合を見ると、進出企業よりも撤退企業のほうが多いという問題に直面します。

なぜ、そのような問題が起こったのでしょうか。それは、しっかりしたマーケットリサーチやフィージビリティスタディ（実行可能性調査）がなかったからです。

多くの企業が、とりあえず行ってみようという気持ちから安易に海外進出を試みたものの、事業がうまく軌道に乗らず、撤退することになりました。それが原因で、もともとある日本での本業にも大きな悪影響を与えてしまうケースも散見されます。海外進出した後に撤退した企業の多くは、市場動向の把握や販売ルートの確保に失敗したことや、現地パートナーとの不和などを原因と考えているようです。しかし私は撤退せざるを得なかった企業の多くは、準備をしっかりとせずに進出しようとしたから撤退することになったのではないかと思っています。

それでも撤退できたのであればまだましなほうで、中国に進出した企業の中には撤退すらできない状況に追い込まれ、困っている企業も相当数あると聞いています。

中国は土地などの所有権を、進出した企業が持つことは認められていません。現地に工場を建てたとしても、土地や建物はすべて中国政府の持ち物になります。そのため非常に縛《しば》りが厳しく、仮に採算が合わないから撤退したいということになっても、中国政府がそれを認めてくれないのです。

もし、どうしても撤退するならば、中国国内に建てた工場や設置した機械はすべて置いていかなければなりません。そのうえ社会主義国なので、従業員の解雇も簡単にできません。こういう状況下で、中国に進出した日本の中小企業の多くが赤字を抱え込んだまま、撤退もできずにとどまり続けています。なかには、中国事業の失敗で赤字が膨らんだために、日本の本社が倒産してしまうというケースもあります。

これは日本企業に限った話ではなく、中国に進出した欧米企業も同じで、やはり非常に苦しめられています。日本が資金を出してつくった中国の工場、そこに入れた生産設備も含めて、すべて丸ごと奪われてしまう事態が、中国では起こりうるのです。

グローバル市場の変化　世界人口の推移

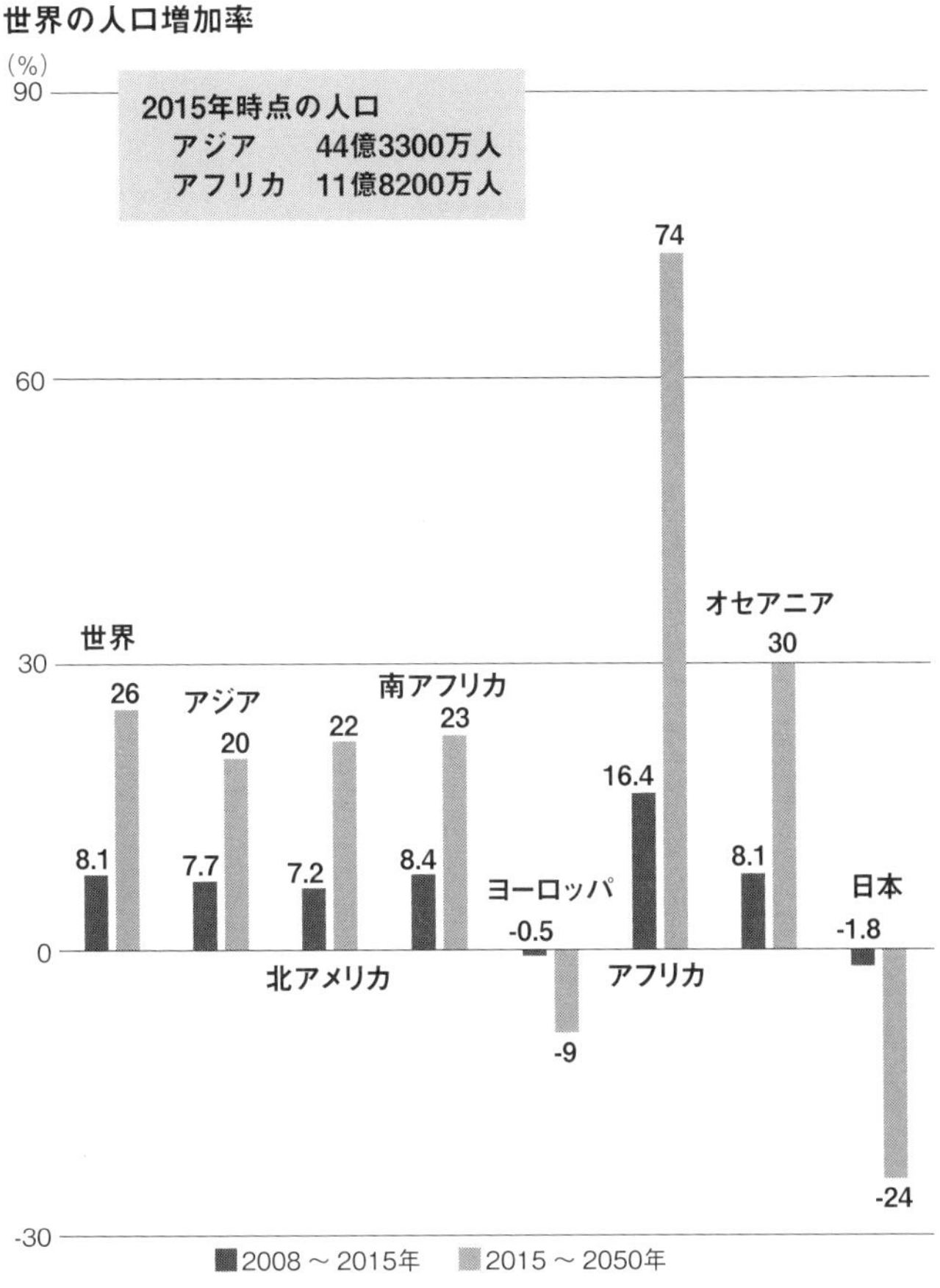

- 全世界の人口は2050年までに現在より30%近くも増加する見通しであり、ヨーロッパと日本以外、ほとんどの地域で人が増えると予測されている。
- 一見すると、アフリカがこれからのマーケットとして大きく伸びるように見えるが、それぞれ分母が違う。
- 2015年時点で、アジアは世界人口の半分以上となる44億3300万人が母数となる。伸び率はアフリカに及ばないものの、2050年でも最大人口であることは変わらない。

（出典：総務省統計局「世界人口の推移（1950年～2050年）」）

アジア10カ国・地域の親日度調査
「日本という国が好きですか？」

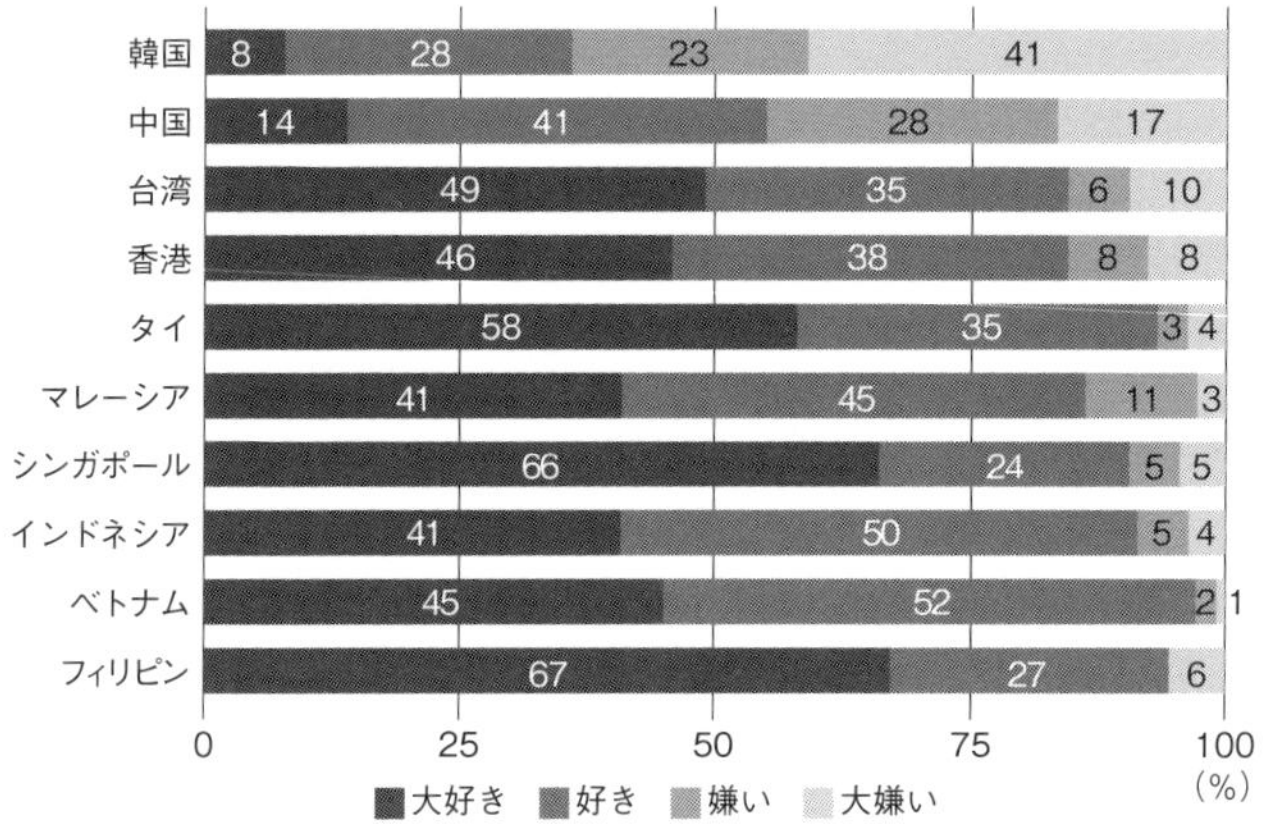

● ASEAN諸国は総じて日本に対して好意を持ってくれていることがわかる。
● 自社の海外展開先を検討する場合、こうした状況についても事前に考慮しておくべき。

（出典：アウンコンサルティング株式会社　2012年11月発表「アジア10カ国の親日度調査」）

したがって、中小企業及び小規模事業者が、生産年齢人口の減少を補うために海外進出するという方向性は間違っていないと思います。ただし、その場合、注意しなければならないのは進出先です。

欧米や東アジア、東南アジアなど、進出する先はたくさんあります。そのなかでも私はまず東南アジアにその対象を向けるべきだと思っています。残念ながら現在、東アジアは非常に多くの政治的問題を抱えており、中小企業及び小規模事業者であったとしても、その影響を受けないという保証はありません。

その点、東南アジア諸国、例えばベトナム、タイ、インドネシア、カンボジア、ミャンマーなどの国においては、日本との関係が非常に良く、政治的にも大きな問題はないと考えています。

例えばカンボジアは、日本と良好な関係を築いていて、しかも生産年齢人口が圧倒的に多い国です。同国は親日国であり、国民全体の平均年齢が20歳代半ばと非常に若いので、パートナーを組むのに適しています。

海外進出は準備が大切

ただしその場合においても、しっかりとしたフィージビリティスタディがないまま進出してしまうと、うまくいかないケースが多いのです。進出を検討する場合はまずその国に行き、自分の会社の業種がその国の市場でどういうチャンスがあるのかについて事前調査を行ったうえで、十分に採算性があると思った場合には、そこにおける人材を確保するというステップに進むべきです。

しかし、そのステップまで進んだとしても、いきなり現地に会社を設立して、現地採用を進めて働いてもらうことは避けたほうがいいでしょう。その企業の風土あるいは社風を理解しない人材を採用してしまうと、その人は長続きせず、退職する結果につながりやすいからです。

海外において、人が定着しないという非常に厄介な問題が起こってしまうと、慣れない土地でのマネジメントの負担がさらに重くなるうえ、業務が回らなくなってしまうのです。日本との文化の違いや、企業の風土の違いなどによって意思の疎通《そつう》がうまくいかず、「採用しても長続きせずに退社してしまう」ことが何度も繰り返され、海外進出した多くの日本企業が苦労しています。

そこで、人材確保というステップに進む場合は、将来その会社の幹部になれるような現地の人材を日本にある本社にまずはインターンとして採用します。そこで1年もしくは2年、可能ならば2年以上、十分にその企業の風土や考え方、仕事内容を理解させます。そのうえで、現地で日本人とともに現地法人を設立する方法をとれば、成功率は非常に高くなります。

こうした手順を踏むのは、時間がかかって遠回りのように見えますが、進出した後に成功しやすいのです。

このように進出する前のしっかりとした調査と準備、進出した後の対応策をきちんと考えることが、中小企業及び小規模事業者が海外進出で成功するためには必須《ひっす》です。

また、海外進出する前に、しっかりとした調査と準備を行うことに加えて、私がぜひ皆さんにご提案したいのは、海外見本市や展示会への自社商品・製品の出展です。

海外見本市や展示会への出展は、販路拡大を図るうえで非常に有効な手段です。自社の商品・製品が海外においてどの程度、受け入れられるかをリサーチするのにも役立ちます。

また合わせてインターネット通販をはじめとするＥＣ（エレクトロニックコマース＝電子商取引）を検討することも必要です。

経済産業省の調査によると２０１９年、日本国内のＢ to Ｃ－ＥＣ（消費者向け電子商取引）の市場規模は、19・４兆円（前年18・０兆円、前年比７・８％増）です。また、Ｂ to Ｂ－ＥＣ（企業間電子商取引）の市場規模も３５３・０兆円（前年３４４・２兆円、前年比２・６％増）と年々拡大しています。

先の新型コロナウイルス感染症拡大による緊急事態宣言下にあっても、ＥＣ市場は売上確保に有効でした。中小企業及び小規模事業者からも、店頭での売上が減少する一方で、ＥＣは好調であるという報告があります。

ＥＣ市場の有効性は国内のみならず、海外でも非常に高いのです。海外展開を志向している中小企業及び小規模事業者は越境ＥＣ、進出候補の国に向けて、まずはインターネット通販サイトを通じた国際的な電子商取引から始めることを考えてみるべきだと思います。海外見本市や展示会に出展するのと同様に、インターネットを通して自社の商品・製品やサービスが現地で受け入れられるかどうかということを調査するためにも、大変有効な手段です。

そういったありとあらゆる手段を使って、本当にその国に自社の商品・製品の値段、品質、サービスなどが受け入れられるかどうかを調査します。十分に勝算があると思った場合において、初めて海外進出を検討するべきでしょう。

その際には先ほど説明したように、採用に関しても焦らずに、まず現地の人材をインターンとして自社に受け入れるということを十分に検討していただければと思います。そして準備が整ったところで、現地法人を設立していくという手順を踏めば、中小企業及び小規模事業者でも必ず成功できるでしょう。

東南アジア市場においては、日本の高度成長期のような経済成長率を今後迎えるところもあります。ベトナム、カンボジア、ミャンマーなどは、昭和30～40年代頃の日本と同じと言っても過言ではないほどの勢いがあります。縮小する日本のマーケットの中で一喜一憂し、採用難に喘《あえ》いでいるよりも、海外の拡大するマーケット、とりわけ若者の雇用がその国の経済発展に重要であると考えている国に現地法人をつくって進出するのです。そうすれば、雇用の場を新しくつくるという意味からも各国から歓迎を受け、友好的な関係を築くことができると思います。

海外進出で広がる可能性

中小企業及び小規模事業者の皆さんは、日本国内だけに目を向けるのではなく、ぜひ海外にも目を向けてください。先ほど説明した方法で進出を検討するのであれば、決して怖がることはありません。

たしかに進出企業よりも撤退企業が多いという事実はあります。それでも、きちんとした調査と準備を行えば撤退するリスクは減り、撤退企業よりも進出企業が圧倒的に多くなるということがわかっています。

新型コロナウイルスの感染拡大の影響で世界的に経済活動が制限され、輸出入が停滞しているほか、直接投資などが困難となっている状況です。企業が持続的成長発展に向けて海外需要を取り込むためには、経営資源に乏しい中小企業及び小規模事業者においても取り組みやすい非接触・非対面で販売できる越境ECが大きな活路になるはずです。

それでは、実際に海外進出した企業をいくつかご紹介いたします。

ケース 1
製造業の海外展開　S社の場合

まず、製造業の海外展開の例についてお話しいたします。

S社は、主に工場のさまざまなパイプ配管のプラントをつくる会社です。取引先は、大手の製薬会社や飲料会社でしたが、2017年頃から、取引先の企業がベトナムでの生産に取り組み始めました。

サニタリー関係の工場の衛生基準は高く、当時のベトナムでは工場設備をつくる技術がありませんでした。そこでS社は施工を受託した際には、日本からベトナムに技術者を出張させて工場の配管工事をしていました。しかしベトナムの技術も徐々に高くなり、競合他社もベトナムに進出し始める様子を見て、自社の受注が先細りになり、将来的にはなくなってしまうのではないかという危機感を持つようになりました。

そこでベトナムに工場を建設することを検討したのですが、医薬製造、食品・飲料製造に必要なプラント及び配管は、衛生面の観点から一定のクリーンな環境設備が必要です。さらにプラント全体が大型になるため、ある程度の工場面積が必要となりました。もしベトナムに工場を建てる場合は総工費で2億円がかかります。

当時、S社はベトナムからの技能実習生を4名受け入れていました。ベトナム人は非常に優秀で、高い技術を短期間で会得することができていました。自社が生き残っていくにはベトナムで業態を拡大し、日本国内だけではなく海外で生産することにより、海外の需要を勝ち取ることが必要だと考えていました。

しかし、すぐに収益が上がるわけではないので、2億円という高額の投資をすべきかどうかで悩んでいたのです。

デューデリジェンスの重要性

そこで海外進出サポート企業と相談して、2億円という高額の投資をせずに進出する方法を模索していました。その結果、ベトナム現地企業との資本提携かM&Aをして、生産設備の共有、技術提携による社員育成、顧客共有による売上確保ができないかを検討しました。

「JICAベトナム裾野《すその》産業調査」にあったベトナム国内の裾野産業500社リストから、資本提携またはM&Aの可能性のある候補先を海外進出サポート企業に探してもらい、まず36社を選んで各社を訪問し、事業プランの説明と資本提携が可能かどうかの調査を行いました。そして候補を3社に絞りこみ、デューデリジェンス（投資対象となる企業や投資先の価値やリスクなどの調査）を行い、日本に招聘《しょうへい》して自社を見学させ、協議を重ねて最終的に1社を選定しました。

しかし資本提携前に、さらに細かいデューデリジェンスを行ったところ、帳簿に載っていない不良債権があることが判明して、資本提携を断念するに至ってしまいました。

レンタル工場の活用

資本提携が難しいならば、自社で海外進出をすることを検討しました。ところが、当時のベトナムの技術力や市場環境などを考えたときに、需要はそれほど見込めませんでした。

そこで、2019年に現地法人を設立することを目標に掲げます。2018年に研修が終了したベトナム人技能実習生と一緒に駐在員事務所を立ち上げて約10カ月間、需要の可能性、製造の可能性などについての調査と見込みづくりを行いました。

しかし、進出してすぐに需要を獲得することが見込めなかったため、2019年に自社工場を建てるのではなくレンタル工場を借り、ベトナムでの売上確保と日本国内の生産性向上、内部留保の確保を目的として、それまで日本の工場で外部発注していた部品をベトナムで製造することにしたのです。

ベトナムで生産することにより、生産コストが15％下がり、ベトナムの生産比率が60％となったことで、純利益が向上しました。

S社は現在、ベトナム人スタッフに日本で1年間、技術研修をさせ、技術力の向上を図っています。このようにベトナム工場の技術力の向上と現地での需要の取り込みができるまでの育成期間に充てています。

進出を検討し始めた2016年当時、S社の売上は8億円でした。そして2019年には10億円を超えるまでに成長しました。

！S社の海外進出の成功ポイント

海外進出する前、S社の経営課題は5つありました。

1. 国内需要の減少による収益減が予想されていた
2. 既存顧客の海外展開向け需要への対応に限界があった
3. 特殊な技術（溶接技術）ができる人材の確保、育成に苦労していた
4. 競合他社との差別化（競争優位性）を維持することができていなかった
5. 海外展開は初めてのことでまったく知見、経験がなかった

これらの経営課題を解決するための海外進出でしたが、S社の海外進出の成功ポイントは、次の3つだと考えています。

1. 海外進出を行う前に綿密な調査を行ったこと
2. いきなり工場建設という投資を行うのではなく、レンタル工場で初期投資を抑えたこと
3. 人材育成をしたこと

まず1つ目は、海外進出を行う前に綿密な調査を行ったことで、問題があった企業

との資本提携やM&Aを行わなくて済みました。

海外ではこのような問題を抱えた企業が少なくありません。詳しく調べないとわからないことが多くあります。資本提携やM&Aをした後でわかった場合、海外進出の失敗につながる恐れがあります。

2つ目は、高額な初期投資を行わず、レンタル工場で外部発注していた部品の製造を開始したことで、内製化と生産コストの削減、利益の確保ができるようになりました。

3つ目は、技能実習生という制度で進出時のコアになる人材を育て、特殊な技術をマスターした人材の育成を、時間をかけて日本で行えるようにしたことです。

ケース2 製造業の海外展開 Y社の場合

2つ目の企業も製造業です。Y社は部品を生産してメーカーに納入している下請け企業でした。ある程度の技術力さえあれば、どの会社でもつくることができる商品を製造していたため、競合他社との優位性を担保しにくく、取引先企業からは価格の値引き要請が頻繁に行われる状況に直面していました。価格優位性を担保するためには、生産コストを抑えるしか方法はありませんでしたが、日本国内だけで生産している中小企業のY社では、生産コストを抑えるにしても限界がありました。

Y社には海外展開しながら生産コストを下げ、将来的には下請け企業から脱却して「精密機械メーカー」になりたいという目標がありました。そのために内部留保を厚くして、次の投資を準備していました。それでも厳しい状況が続く中で、徐々に内部留保を取り崩さざるを得ない状況に追い込まれてしまいました。

ファブレス化

精密機械メーカーになることが未来の社員のために必要である、と考えて海外進出を真剣に検討したものの、そのときは単純に、現地に工場を建てようと考えていただけでした。

そこで海外進出サポート企業と相談して調べてみたところ、現地に工場を建てるための設備投資には最低でも1億円が必要でした。銀行に融資をお願いした結果、Y社は黒字経営だったため融資の稟議《りんぎ》がおりました。

しかし、海外進出サポート企業のアドバイスで、Y社はもう一度ベトナムに工場を建設するのがベストな方法かどうかを再検討します。最終的に自社工場をベトナムに建設するのではなく、ファブレス化（生産設備を持たずに製品の製造を外部の会社へ委託すること）を考えました。

今まで自分たちがつくっていた部品をベトナムでつくる場合、生産コストが65％程度安くなり、その分だけ価格を抑えることができます。

ある程度の技術力があればどの会社でもつくることができる部品については、価格に一番の競合優位性があります。メーカーからの基準に達する部品を製造できる企業があるかどうか調べるために、海外進出サポート企業の調査で三十数社のベトナム企業を選んでもらい、日本でのサンプルの設計図をあえて日本語のまま送り、日本語の理解力と技術力を調査してみたのです。

そして、対応可能という返事のあった7社の企業に、実際にサンプルをつくってもらいY社で検査を行ったところ、そのうちの6社は技術が基準を満たしていました。メーカーにも検査してもらったうえで、基準に達していたすべての企業と業務提携を行い、ファブレス工場での生産委託を開始しました。

その後、さらにファブレス工場が4社増えて10社になりました。同じように苦労している日本の同業他社とネットワークをつくって、後継者がいない企業を買い取ることで、ネットワークの強化を図っています。そして海外生産比率50％の実現と、生産コスト30％の削減に成功しました。

海外進出を検討していた2014年当時、Y社の年商は3億円程度でしたが、2017年にベトナムへ進出し、2019年には年商10億円強の企業となりました。

Y社の海外進出の成功ポイント

先ほどのS社と重複するところもありますが、Y社の海外進出の成功ポイントは、次の2つだと考えています。

1．海外進出をする前に綿密なフィージビリティスタディを行ったこと
2．ファブレス化により海外の同業他社を仲間にしたこと

Y社の成功要因は、海外進出を行う前に綿密なフィージビリティスタディを行い、近い将来に起こると想定される状況を把握したことです。現地に工場を建設して進出

するという方法を選ばず、莫大《ばくだい》な初期投資を行わずに済んだこと。そして、将来ライバルになるかもしれない現地企業を仲間にすることで、海外生産比率が上がり、生産コストの削減を実現できたことが挙げられます。

ケース3 食品製造業の海外展開　K社の場合

次は、食品関係企業K社の海外進出のケースです。

食品を海外輸出する場合、次のような手順を踏んで進んでいきます。

1. 市場の研究調査として、輸出希望国の食文化、食習慣、トレンドを把握し、希望国の市場に合うかどうかを、サンプル輸出などを行ってテストマーケティング
2. 商品の選定やニーズに合わせた商品開発
3. 海外見本市への出店や越境ECを活用したサンプル商品の試食など、個別商談・交渉など、取引先の開拓・選定
4. 輸出や物流の手続きなど

中小食品メーカーの課題は主に5つあります。

1．海外市場（食文化、嗜好性、トレンド）がわからない
2．ターゲットに対する的確なアプローチができない
3．商流（サプライチェーン）の構築方法がわからない
4．海外取引における規制、貿易実務、債権回収に不安がある
5．言葉の壁があり、バイヤーなどとのコミュニケーションが取れない

これらの課題にどのように対応していくかを検討しながら、海外進出を進めていかなくてはなりません。

K社の場合は、「蒸しだこ」などの海産物を扱っている企業です。海外進出をするために海外見本市に出展していました。

しかし、ニーズをうまくつかむことができず、販路開拓先を見つけられない状況でした。そこで海外進出サポート企業に相談し、取引先として業務用用途として輸入卸販売を行っている現地輸入商社を選択します。市場調査として需要確認、競合商品、商流調査を実施し、現地の事情を理解することから再度取り組みを始めました。

その結果、同じような商品が多い「蒸しだこ」でも、現地の人の好みに合う味付けにしたり、安定供給体制を構築したりすることで信用を得るといった取り組みを行い、越境ECや展示会を活用して自社製品の販路を拡大することに成功したのです。

しかし大きな課題として、K社は東日本大震災による福島第一原子力発電所事故の影響から放射能検査対象地域にあったため、甲殻類の輸出を実施する際に輸出水産食品取扱認定が必要でした。そこで自社での認定申請手続きを行う間、すでにこの認定を受けている企業にOEM生産を委託して出荷するという対応策を取ったのです。

！K社の海外進出の成功ポイント

K社の海外進出の成功ポイントは、次の3つだと考えています。

1. 市場の研究調査をきちんと行ったこと
2. ニーズに合う商品開発を行ったこと
3. OEM生産を行ったこと

K社は当初の海外進出時にできていなかった市場の研究調査をやり直し、ニーズに合う商品開発を行って、競合他社との差別化を図ったことが成功のポイントです。また自社で輸出が可能になるまでの間の解決策として、OEM生産という方法を取ったことも、良い解決策だったと思います。

ケース4

食品製造業の海外展開　S社の場合

K社と同じ食品関係の企業です。S社は菓子製造小売りの企業でした。ちょうど2代目に代替わりしたところで、先代から引き継いだ技術で、従来の素材、和菓子製法を活かした洋菓子や惣菜の開発、また他メーカーからのOEM生産の受託などに取り組んでいました。さらなる新しい取り組みとして海外進出を検討し、越境ECからチャレンジすることにしました。

成功する越境EC

越境ECの利点は、国内外に情報を拡散できることです。しかし、EC全般に言えることですが、商品アイテムが増えると、商品が埋もれてしまうという問題があります。特に和菓子や洋菓子はカテゴリー量が多いので、古い情報はどこにあるのかわからなくなり、消費者の目に触れにくくなってしまいます。

そこで有効なのが、現地で仲介してくれる人的プロモーションです。従来型の販路開拓では、自分たちが現地に行って商談を行うか、対象国から相手に来てもらって商談を行っていました。この方法は高い効果が見込めるのですが、1つひとつの単価が低い食品の場合、このためにかかる移動時間もコストも大きな負担となります。また、昨今のコロナ禍で、そもそも人が移動すること自体が難しくなりました。

そこで新たに必要性が高まったのが、接触型の仲介業者のサポートです。日本の企業は、越境ECに商品を登録することで、仲介業者に現地企業へ商品を届けてもらったり、オンライン商談をしたりできるようになりました。その結果、これまで人が動かないとできなかった商談が、日本にいながら、時間や場所にしばられず、今までよりも効率的に行うことが可能となってきたのです。

S社は、この越境ECに商品を登録し、現地サポート企業に仲介してもらうことで、海外大手デパートで自社製品の取り扱いが決まりました。

！S社の海外進出の成功ポイント

S社の海外進出の成功ポイントは、越境ECサイトを利用し、現地仲介業者のサポートを活用したことだと考えています。

まとめ　海外進出の成功ポイント

このように、業種によってさまざまなケースがありますが、海外進出の成功のポイントは、以下の5つだと考えています。

1. 海外進出時の市場の綿密な調査
2. ニーズに対応すること
3. 人材育成の時間をとるための取り組み
4. ファブレス化や同業者とのネットワーク化
5. 越境ECや海外見本市の活用と現地のサポート企業の活用

海外進出した企業の成功実例をご紹介いたしました。中小企業及び小規模事業者は、大手企業と違って自社の力だけで海外進出を行うことが困難な場合が多々あります。したがって成功するためには、信頼できる海外進出サポート企業と二人三脚で進めることが重要になってきます。

海外進出サポート企業を活用する

中小企業の海外進出サポートについては、国際協力機構（ＪＩＣＡ）や日本貿易振興機構（ＪＥＴＲＯ）、中小企業基盤整備機構でも行っています。ただ、1つだけ問題がありました。それは、部分的にはとても素晴らしいサービスがたくさん用意されているのに、一気通貫のサービスを提供しているところがないことです。

実際問題、海外進出を決断したら、やらねばならないことが山積みになります。

大企業の海外進出であれば、自分のところですべてを行えるだけの人や資金を持っているので、何も問題はありません。ところが中小企業の場合だと、やはり一気通貫のサポートサービスを利用しないと、なかなか事がうまく進まなくなってしまいます。

なかでも一番難しいのが法務です。なぜなら国によって法律体系が異なるため、1つのフォーマットがあれば対応できるというものではないのです。国の法律体系に沿って、さまざまな法定書類を作成しなければなりません。結構、この部分で引っかかってしまい、実務が頓挫《とんざ》してしまうケースがあります。

そこで現地の弁護士など法律の専門家を雇って、何とか対応しようとするわけです。しかし現地の弁護士は日本企業のことをほとんど知らないため、ますます契約関係がうまくいかないという事態に陥ってしまう恐れがあります。

中小企業及び小規模事業者が選ぶべき海外進出サポート会社の条件としては、現地の人たちや法律のことを熟知している日本人担当者が付くことが必須です。契約書などの法定書類を作成するサポートを日本語で受けられる点は、とても重要になります。

また、人の採用に関しても、現地でどのような媒体を使い、どのように面接をして、かつ採用に際して待遇をどうするかなどについては、やはりわからないことだらけです。

したがって、中小企業及び小規模事業者が海外進出を希望する場合、相談に乗ってくれる存在は必要ですが、進出の検討開始から現地でビジネスをスタートするまで、しっかりワンストップでサポートできる存在がいることが、中小企業の海外進出を促していくうえでとても重要になってくるのです。

そのため、私が創業した株式会社フォーバルでは、10年前から海外進出をワンストップでサポートする事業を始めました。他になければ、自分でやるしかないと考えたからです。日本国内でセミナーを開き、海外進出に関心を持っている中小企業の方を対象にして海外進出について説明したうえで、希望する会社の方々に現地視察ツアーを行います。そしてフィージビリティスタディとマーケティングを実施すると同時に、現地の一時的な拠点としてレンタルオフィスを提供します。

そして、いよいよ現地生産を決断したら、現地法人をつくるのに必要な法人登記手続き、各種ライセンスの手続き、現地オフィスの設立、駐在員の住居確保、さらには現地オフィスの内装、什器《じゅうき》備品の調達、OAやネットワークなどIT環境の構築など、現地での仕事を快適に進められるようにするための各種環境を整備します。

さらに現地スタッフを採用したうえで、その教育も行います。会社の諸規定を作成し、経理や総務の環境も整えます。さらにはセールスプロモーションのお手伝いもしています。

また、中小企業の海外進出を支援する一環として、ベトナムとインドネシアにレンタル

フォーバルの提供するワンストップ海外進出支援サービス

トータルサポート	ITサポート	☑ OA・ネットワークの IT環境サポート
STAGE 進出後	バックオフィス業務支援	☑ 会社規定作成支援 ☑ 経理・総務等業務支援 ☑ セールスプロモーション支援
▲	人材採用支援	☑ 現地スタッフ採用支援 ☑ 現地スタッフ教育支援
STAGE 進出前	現地法人設立支援	☑ 工場用地・オフィス・駐在員 住居選定支援 ☑ 法人登記・各種ライセンス 申請登録支援 ☑ 内装・什器・OA・NW環境 構築支援
▲	海外進出、FS支援	☑ 現地視察ツアー同行 ☑ FS調査・マーケティング リサーチ ☑ レンタルオフィス提供
	情報提供	☑ セミナー ☑ 紙面&WEBの活用

工場もつくりました。日本の中小製造業が海外に進出する際に、自分のところで工場をつくることになると、現地と不動産契約を結んだり、工場を建ててくれる現地の建築士さんを集めたりするのはなかなか大変なので、その問題を解消するためです。日本食を出すレストランや応接間、会議室もあります。

したがって、現地生産をしたいと思っている中小企業は、自分のところの製品をつくる機材と材料さえ持ち込めば、すぐに現地生産に取りかかれるというわけです。

レンタル工場は着想から実際に稼働できるようになるまでに3～4年かかりました。また実際に8年ほど運営していく中で積み重ねてきた経験・ノウハウもたくさんあります。おそらく中小企業・製造業が自分たちの力で現地に工場をつくり、そこで生産をスタートさせようとしたら、やはりかなりの時間、資金、人材を必要とするでしょう。その間に諦《あきら》めてしまう会社も少なくありません。でも、この手のレンタル工場を利用すれば、その手間を省略できるのです。このレンタル工場はミャンマーにも建設する予定です。

これから一から海外進出を始めようという中小企業にとって、まさに一気通貫のサポートサービスになっています。現状、ここまで細かく中小企業の海外進出サポートを行っている民間企業は、おそらく他にはないでしょう。雇用確保の問題、コストの問題で悩んでいらっしゃる中小企業・製造業の経営者は、ぜひとも海外進出を検討していただきたいと思います。

私は、日本がこれから迎える人手不足問題に対する一番のソリューションは、海外進出だと思っています。

同時に日本国内には、まだまだ有効活用されていないリソースがあるのも事実です。例えば女性や高齢者といった多様な人材を採用することも、人手不足問題への対応策の1つだと考えています。

特に女性の場合、育児と仕事を両立できる雇用環境を整備し、多様な働き方に対応できるようにすれば、人手不足問題の有効な解決策になるはずです。

また、高齢者の労働参画意欲は非常に高く、高齢者人材を有効活用することによって人手不足問題を解消できる可能性があることも同時に述べておきたいと思います。生産性向上を目的としたICT（情報通信技術）化というソリューションもあるのですが、それはまた第3章で詳しく説明しましょう。

海外進出を検討するためのステップ

1. 海外進出の動機を明確にする

自社において、「海外進出がなぜ必要なのか？」「その動機は社員が納得できるか？」「それが達成したら経営にどんな好影響があるのか？」

2. ASEAN域内を意識してビジネスモデルを構想する

ASEAN域内の国々は国情がまったく違う。自社のビジネスモデルを進出国を中心として、ASEAN域内、自社、取引先、顧客とどのように関連し影響を与えられるか？

3. 綿密な調査・分析による計画を立てる

① 関連法規（規制、税制、労働関連法規などの法規制）の情報収集と調査
② 市場（お客様、サプライヤー、競合など）動向の調査・分析
③ ビジネスバリューチェーンにおける最適な環境の調査・分析
④ 適正組織体制の検討・構築
⑤ 現地人材の環境調査・分析
⑥ 事業リスクの調査と対策案の作成
⑦ 進出に向けてのアクションプラン（ロードマップ）の作成
⑧ 中期事業計画の作成

4. 早期進出を目指す

第2章

中小企業を悩ます事業承継問題の処方箋

経営者の高齢化によって生じる事業承継問題

中小企業及び小規模事業者にとっての問題点には、第1章でお話しした人手不足問題のほかに、事業承継の問題もあります。日本の経営者はどんどん高齢化しており、すでに団塊世代の経営者が大量引退期を迎える「大事業承継時代」が到来したと言われています。

かつては、530万社以上あった日本の中小企業が、現在358万社まで減っています。とりわけ休廃業・倒産する企業のうち約60%が、黒字であるにもかかわらず廃業していきます。その企業の経営者の平均年齢を見ると60代、70代以上が圧倒的に多いのです。60代、70代まで頑張ってきた経営者が高齢になり、黒字経営であるにもかかわらず、誰もあとを継いでくれないので会社を畳んでしまうのです。

それを考えると、これからますます中小企業及び小規模事業者の数は減っていくことが予想されます。これは日本経済にとって大変な経済力の低下をもたらすことになることが想定されます。

本書冒頭でも申し上げましたが、日本の企業の99・7%は中小企業及び小規模事業者と言われています。雇用全体の約70％を支え、従業員の給料支払総額は約40％、社会保険料の事業主拠出分の約50％を負担しています。その中小企業の多くが廃業・倒産に追い込まれることは、日本経済にとって大きな打撃になるのです。

そのような状態がなかったとしても、新型コロナウイルスの世界的な感染拡大によって、日本経済には過去に類を見ない大混乱と大打撃が生じ、多くの中小企業及び小規模事業者を直撃しています。経営者の高齢化現象の中で、新型コロナウイルスの感染拡大による悪影響が続くと、輪をかけてひどい状況になるでしょう。

では、経営者の高齢化における企業の倒産・廃業を阻止するためにはどうすればいいのでしょうか。いよいよ事業承継について、経営者には本気で考えてもらわなければならない時期に来ています。

日本の経営者の大半は、事業承継について「まだまだ先の話だから大丈夫だ」というように、いまだ本気になって考えていないような気がします。

事業承継する場合、問題が山ほどあるため、見て見ぬふりをしているのかもしれません。

何が大変なのかというと、まず、株主が分散しているケースです。会社を立ち上げるための資金を調達する際に、Aおじさん、Bおばさん、Cおじさんというように、複数の親族にお願いして株主になってもらっているケースがあります。

ただ事業承継は1人の後継者にしか認められないため、複数の親族に株式が分散している場合は、それを1人に集めなければなりません。

ところが、複数の親族に株式が分散していると、なかには譲渡に応じなかったり、金額が安いので譲りたくないなどと駄々《だだ》をこねたりすることがあるのです。そうなると1人に株式を集約できないので、事業承継が進まなくなってしまいます。

2つ目は税制の問題です。

これは多くの経営者が直面する、非常に大きな問題といってもいいでしょう。

従来の税法では、納税猶予の対象となる株式数には3分の2という上限があり、相続税の猶予額割合は80%だったため、後継者は事業承継時に多額の贈与税及び相続税を納税する必要がありました。例えば父親が経営していた会社の株式時価総額が20億円と評価された場合、この20億円に対する贈与税もしくは相続税が課せられたのです。当然、納税額は莫大な金額になるので、後継者がよほどお金を持っていない限り、円滑に事業承継ができないのです。

後継者が納税に必要なお金を銀行から借り入れて払うという手もあります。ただし、そうなると借入金《しゃくにゅう》の利子がかかるため、後継者の経済的な負担が一段と重くなってしまいます。

また、父親など前の経営者が多額の借り入れを会社で行っていた場合、多くは個人保証をしています。その個人保証も後継者が引き継がなければなりません。

さらに後継者が自主廃業や売却を行う際、経営環境の変化により株価が下落した場合でも、承継時の株価をもとに贈与・相続税が計算されるため、過大な税負担があることや、税制の適用後5年間で平均80％以上の雇用を維持しなければ、猶予を打ち切るという厳しい条件があります。ただでさえ人手不足の中において、この雇用要件は中小企業及び小規模事業者にとっては大変な負担でした。

このような状況から、もし中小企業及び小規模事業者が相続・贈与や事業承継について真剣に考えたとしても、そのハードルは高く、踏み込むことができないというのが、今までの状況でした。

大幅な税制改正「事業承継特例税制」

しかし2018年、中小企業経営者にとって大きな税制改正が行われました。

1つ目は、納税猶予の対象となる株式数の上限の撤廃で、全株式の適用が可能になったことです。さらに納税猶予割合を100％に拡大することで、事業承継時の税負担がゼロになりました。

2つ目は、親族外を含む複数の株主から代表者である後継者、しかも最大3人までの承継が可能になり、中小企業及び小規模事業者の実態に合わせた事業承継ができるような支援になったのです。

3つ目は、売却額や廃業時の評価額をもとに納税額を算出し、その納税額が承継時の株価から算出された納税額よりも下がった場合は、その差額を免除し、経営環境の変化による将来の不安を軽減するという改善も行われました。

そして4つ目は、特に大きな問題である5年間で80％以上の雇用を維持するという条件を満たしていなかった場合でも、納税猶予が継続可能になったことです。

このような制度の改革により、事業承継が大変しやすくなりました。実際、この事業承継特例税制のおかげで、その税制の申請件数が大幅に伸びました。中小企業庁によると、従来の事業承継税制の申請件数は年間400件程度でしたが、この特例が設けられたことによって、申請件数は年間6000件に迫る勢いで急増したそうです。

ただし、これらはあくまでも「事業承継特例税制」ということで、2023年3月までに特例承継計画を提出することと、2027年12月までに実際に承継を行うことが条件になっています。

ただ多くの経営者は、その元となる自社の株価算定すらやったことがないというケースが大半です。東京商工会議所の調査によると、43・3％の企業経営者は、自社の株式を「評価したことがない」と回答しています。

これを従業員別にみると、5名以下の企業の場合は69・5％、20名以下の企業の場合は43・6％、50名以下の企業の場合は29・8％、そして100名以下の企業の場合は22・7％の企業が、自社株式の評価をしたことがないというのが現状です。

したがって、まずは自社株の評価をきちんと行い、自分の会社を後継者に贈与する場合、

自社株式評価の状況

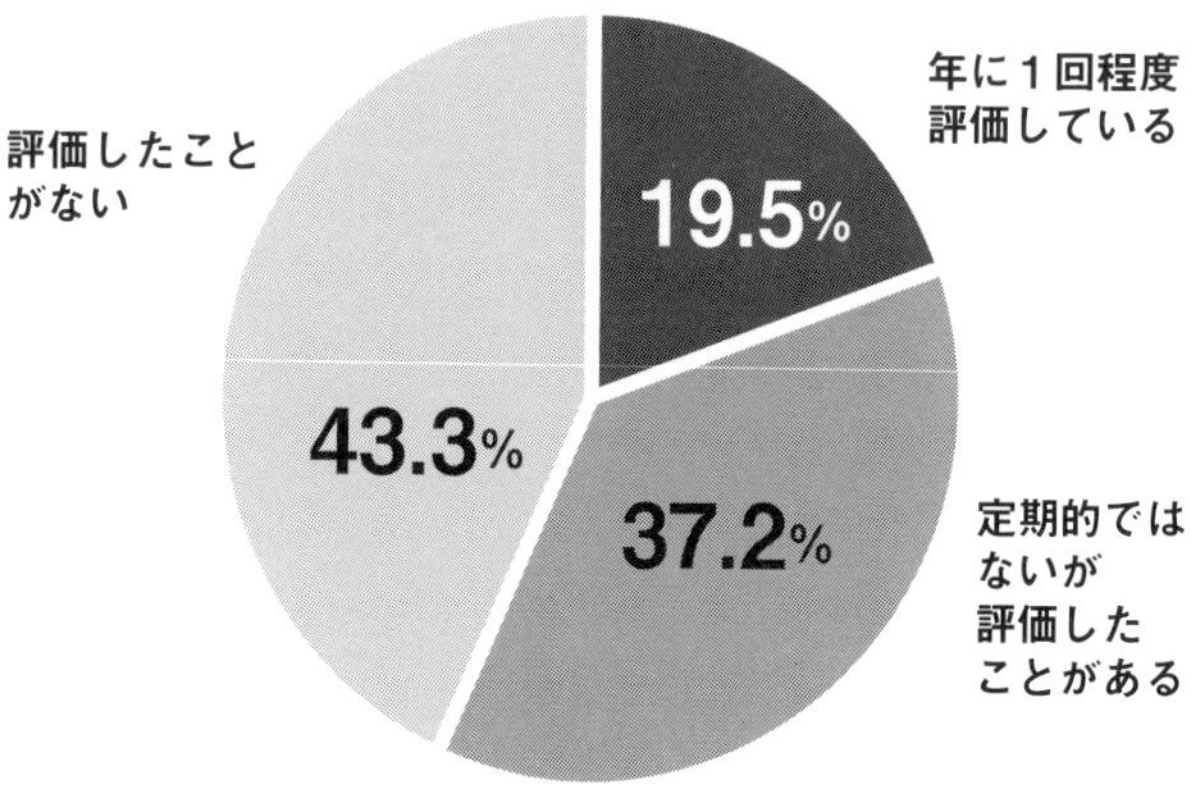

- 自社株式評価については、約4割が「評価したことがない」と回答している。
- 経営者年代別にみると、60歳代において、自社株式の評価を行っている割合が高くなる。

抜本拡充された事業承継税制の認知度

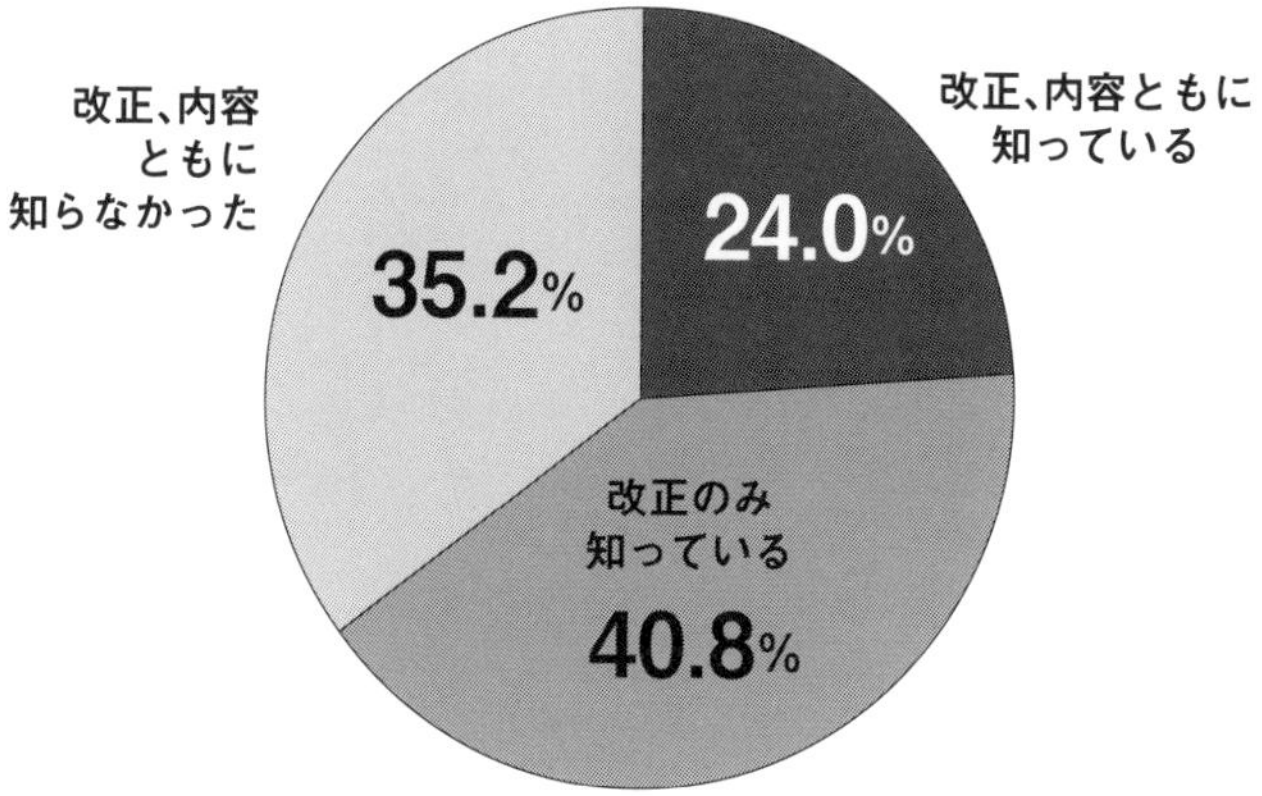

- 抜本拡充された事業承継税制について、東京商工会議所・中小企業委員会でアンケートを実施した。
- 「改正・内容ともに知っている」は24.0%にとどまる。

評価額がいくらになるのかを改めて知っておくことが大事です。

先に述べた事業承継税制についても、その税制が改正されたこと、内容ともに知っているという企業は24％にとどまっており、76％の企業は、「改正、内容ともに知らなかった」もしくは「改正のみ知っている」という状況です。もはや「知らない」では済まされない問題なので、企業経営者はきちんとその内容を理解してください。

前経営者が個人保証した債務の問題

事業承継に際して大きな問題となるのは、先代経営者が銀行から多額の資金を借り入れていて、なおかつ個人保証をしている場合です。何が問題かというと、その借金も個人保証も後継者にそっくり承継されてしまうからです。

そうすると、会社を任されたとたんに、現経営者が多額の借金と保証を抱えることになってしまうので、後継者もなかなか経営を承継しにくくなってしまいます。そこを改善するために、中小企業庁は「経営者保証に関するガイドライン」を出しました。これはとても大切ですので、詳しく説明したいと思います。

経営者保証に関するガイドラインには、３つの大きな要素があります。

1．法人と個人の分離
2．財務基盤の強化
3．適切な情報開示

この3つの条件をクリアした場合、経営者保証をその後継者が肩代わりすることなく承継できます。しかし一般的に中小企業及び小規模事業者は、どこまでが会社の財産で、どこまでが個人の財産かということが非常に不明確です。そこでまず、次の条件をクリアすることが大事です。

（法人と個人の分離について）

まず法人と個人の分離に関してです。融資を受けたい企業は役員報酬・賞与・配当、経営者への貸付けなど、法人と経営者の間の資金のやり取りについて社会通念上、適切な範囲を超えないようにする体制を整備して、法人と個人の一体性解消に努めていることが大切です。

また、そうした体制の整備・運用状況について、公認会計士や税理士などの外部専門家による検証を行い、その結果を債権者に開示することなどが求められます。それでも、この法人と個人の分離が、今の中小企業及び小規模事業者にとって非常に難しいところです。

しかし、これが提出されなければ金融機関としても適切な対応ができないため、個人保証を条件から外せないということになるのです。

（財務基盤の強化について）

財務基盤の強化についても、融資不適合と見なされないように、財務状況や業績の改善を通じた返済能力の向上に取り組み、信用を強化する必要があります。

これを明確にするには、その会社における決算書、月次決算書などを含めて、将来の事業展開も第三者が見てもはっきりわかるような形を示す必要があります。

中小企業及び小規模事業者は、今日の仕事に全力を尽くすのに精いっぱいで、明日の仕事の見える化を行うことについて非常に弱い点があるので、注意が必要です。

（適切な情報開示について）

情報開示に関しては、上場企業は問題ありません。ところが未上場企業の中には、情報開示がまったくできていないケースが散見されます。

融資を受けたい企業は、自社の財務状況を正確に把握し、金融機関などからの情報開示要請に応じて、資産・負債の状況や事業計画、業績見通し及びその進捗《しんちょく》状況などの情報を正確に、そして丁寧に説明することで、経営の透明性を確保する必要があります。

また情報開示は、公認会計士や税理士など外部専門家による検証結果とあわせて一緒に開示することが望ましいと思われます。

このように法人と個人の分離、財務基盤の強化、適切な情報開示などを行えば、「経営者保証に関するガイドライン」を有効活用できるので、今申し上げた3つの条件をクリアするためにどうすればいいのかを真剣に考えて、実行していただきたいと思います。また、これらの改善を行うことを通じて、その会社の経営基盤が強くなることは言うまでもありません。

事業承継の成功ポイント

そのような中で、事業承継を行って非常に大きな成果が出ているケースがあります。それは、30代の後継者に承継した場合です。

50代、60代の後継者に承継した場合、成果を出せるだけの肉体的、精神的なパワーが少なく、次の後継者につなぐまで、あと5年か10年くらいしか時間が残されていません。会社をより大きくするためのチャレンジをするのではなく、とりあえず大過なく過ごせればいいと考えてしまいがちです。

しかし、30代で承継された経営者の場合、今から30年間は自分が責任を持って事業を育てていこうという気持ちになるので、抜本的な改革改善ができるのです。

ましてや、これからSociety5・0の中でIoT、AI、ビッグデータなどを駆使しての事業展開を行う必要も出てきますし、コロナ禍においてはテレワークなど働き方の大きな変化にも対応していかなければなりません。

このような状況変化への対応や対策についても、30代の経営者は積極的に取り組んでお

事業承継対策の早期着手の実現

（事業を引き継いだ年齢）×（事業承継後の業況変化）

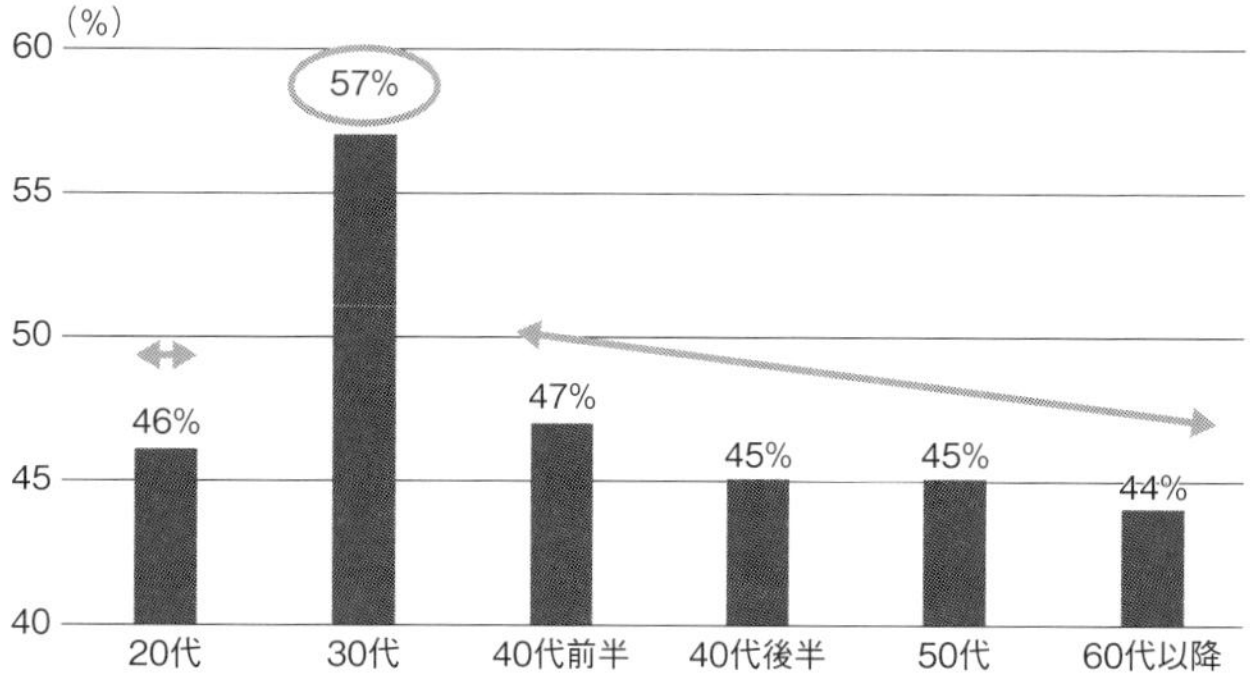

● 事業承継の実態に関するアンケート調査について、事業を引き継いだ年齢と承継後の業況変化をクロス分析したもの。
● 30代で事業を承継した経営者は、突出した割合で事業承継後に業況を好転させていることがわかる。

（事業を引き継いだ年齢）×（事業承継後に新たに取り組んだ内容（上位3項目））

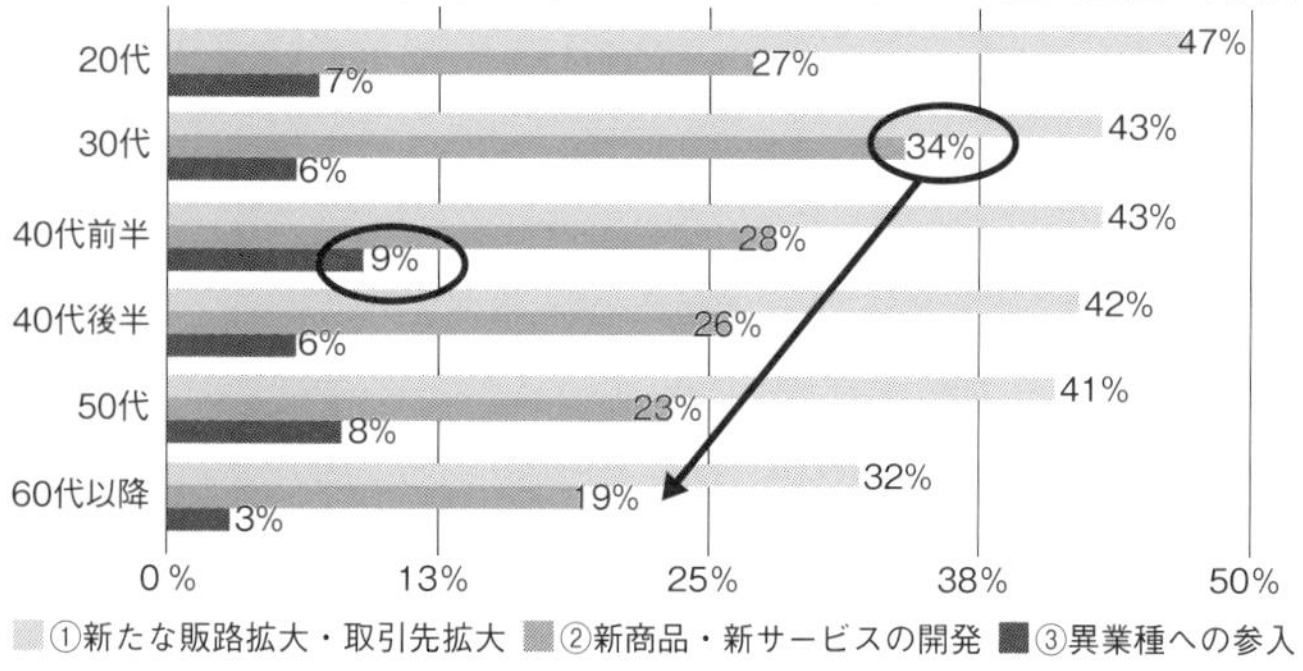

● 事業承継の実態に関するアンケート調査について、事業を引き継いだ年齢と承継後に新たに取り組んだ内容をクロス分析したもの。
● 30～40代で事業を引き継いだ経営者は、事業承継後に新たな前向きな取り組みを行っていることがわかる。

（出典：東京商工会議所　「事業承継の実態に関するアンケート調査」2018年1月）

り、承継後の事業成績も非常に良いことが、東京商工会議所の調査によってわかってきています。

60代の経営者が、「まだまだ元気で頑張れる」という気持ちを抱きがちなのはわかるのですが、「自分の息子に継がせるのはまだ早い」とか、「まだ経験が浅いから無理だ」という理由で、後継者が40代、50代になるまで承継させないのは、会社のためになりません。むしろ経営者が元気なうちに30代の後継者に承継し、未熟な部分についてはバックアップして育てるという気持ちで、早めにバトンを渡すことが、事業承継を成功させるための最大のポイントです。

ぜひ皆さんも周りを見て、お子さんもしくは後継者としたい人材が30代であったならば、若干おぼつかないところがあったとしても、早めにバトンを渡してあげましょう。これが事業承継の成功と失敗を大きく分けるのです。

新たな選択肢「第三者承継」とは

後継者にふさわしい30代の親族、あるいは従業員がいなかったとしても、事業承継をする必要があります。事業承継できないからといって廃業にしてしまうのは、経営者としてもっとも避けなければならないことです。

現在の承継内容を見ると、親族間承継は60・5％、従業員の承継は21・5％、第三者承継は18％です。圧倒的に親族間承継が多いのですが、最近は第三者承継も増えてきています。第三者承継とは、平たく言えばM＆Aのことです。

経営者の中には、M＆Aにあまり良いイメージを持っていない人もいますが、検討する余地はあると思います。

ただし、気をつけなくてはいけないのは、M＆Aの仲介を行う専門業者がたくさんあるので、どういう仲介業者と組むのかということです。着手金の有無や成功報酬の安さではなく、これまでの人生をしっかり理解して一番いい相手を探してくれる担当者と進めていくのがよいでしょう。

特に第三者承継の場合は、自分の会社の持っている社風、風土、方針などを理解してもらったうえで、新しい会社にそれらを引き継いでもらい、なおかつ既存ビジネスとのシナジー効果をもたらせるかどうか、従業員の幸せを担保できるかどうかなどについて、十分注意しなければいけません。従業員の幸せや今まで大事にしてきた方針、風土などの喪失を考えたら、ただ買い手が売り手に対して十分な費用を出したからというだけで売るようなM&Aは、実行するべきではないと思います。引き継いでもらう相手の企業の中身を十分に把握したうえで、第三者承継を行っていただきたいと思います。

もちろん一番の理想は親族間承継です。中小企業及び小規模事業者の事業承継では、過去において親族間承継のほうがうまくいっている事例が多いからです。親族間承継なら後継者の人となりがわかっているので安心感があります。さらに従業員や取引先の理解が得られやすいことなどが挙げられます。しかし、それがどうしても難しい場合には、従業員への承継に踏み切るべきでしょう。

高齢化する社会において、倒産・廃業する企業のうち60％の企業が黒字でありながら廃業するという現実を、このような承継の方法によってなんとか阻止して、1社でも多くの企業がこの日本社会において継続できるようにしてほしいと思います。

「事業承継特例制度」を活用した事業承継の事例

それでは、ここから事業承継の事例をいくつかご紹介いたします。まず、事業承継税制の特例制度を活用した事業承継の事例です。

ケース1 グループ会社の事業承継にかかる税金を100％猶予

訪問介護・看護事業を行っていたZ社は、年商はグループ会社4社合わせて30億円弱で、従業員数は300名を超えている地域密着型の介護事業者でした。

グループ会社4社の株式を経営者夫婦がそれぞれ保有していました。

事業承継について検討した結果、長男に譲った場合、両親2名分の株式を併せて贈与することになるため、多額の贈与税が必要になり、事業承継が進んでいませんでした。

しかし、事業承継税制の特例制度を活用することによって、グループ会社4社の株式の事業承継時にかかる税額、約2億9000万円を100％猶予させることができ、長男に経営を任せることが可能になりました。

グループ会社の事業承継を一気に実施できたことに加え、承継後も納税が猶予されたおかげで、従業員を削減することもなく経営は安定しています。

ケース

2

航空宇宙分野を支える機械部品加工業の事業承継

金属加工機械製造を行っているH製作所は、事業についての承継はすでに後継者に行っていたものの、経営権の移動については、税負担に懸念があったため行っていませんでした。

H製作所は売上が約4億5000万円、従業員数約30名の会社です。事業承継税制の特例制度が開始されたことにともない、事業承継時にかかる税額、約2000万円を100%猶予することにより、株式の譲渡はもちろんのこと、経営権についても円滑に承継できました。

H製作所は、「はやぶさプロジェクト」にも参画した、航空宇宙分野を支える精密機械部品の製造だけでなく、関連部品の調達まで含めたユニットの組み立てを行っている会社です。事業承継された後は、新しい後継者が中心となり、積年の課題であった生産プロセスの改善を計画しており、「ものづくり補助金」を活用したり、「経営革新計画」の承認を受けたりするなど、さまざまな支援措置を利用しながら経営を行っています。

ケース
3
株式分散を防ぐための事業承継

自動車部品を中心とした製造業を行っているF社は、年商が13億円、従業員数30名強の企業です。

現経営者は、平成18年に母親から代表権を譲り受けていましたが、就任直後にリーマンショックが起こったことで、厳しい経営を余儀なくされていました。

また株式に関しては、母親と親族が保有したままの状態でした。現経営者は、ものづくり補助金などを積極的に活用することで、生産設備の投資を行い、生産性向上や経費削減に取り組んだ結果、リーマンショック前の水準まで業績が回復したのですが、自社株の評価額もそれにともない上昇したため、株式贈与の際の税負担を心配していました。

さらに、母親と親族に万が一のことがあった場合、保有している株式がさらに分散してしまう恐れもあり、株式の集約をすべきとの判断から、事業承継時にかかる税額約3900万円について100%猶予により株式譲渡を実施したのです。

以上、事業承継税制の特例制度を活用した事業承継の事例を3つ紹介しました。

金融機関から経営者保証を求められなかった事例

次に、ガイドラインの要件が充足されていることが確認されたことで、経営者保証を求められなかった事例をいくつか見ていきたいと思います。

ケース1 法人と経営者の関係の明確な区分・分離を行ったA社の場合

A社は、宿泊業者であり、ある地方銀行の主力取引先でした。

新しい事業計画に沿って、金融機関に10億円の運転資金を申し込みました。銀行側が「経営者保証に関するガイドライン」に基づいて、経営者保証に依存しない融資として検討したところ、A社から提出を受けた事業計画の実現可能性が高いことや、計算書類の作成に当たって公認会計士による監査を受けていること、親族以外の第三者から選任された取締役が取締役会に出席していることなど、法人と経営者の関係が明確に区分・分離されていることが確認されました。

また毎月、月初に自発的に前月の営業実績、資金繰り表、銀行取引状況表などを持参して経営状況の報告を行うとともに、公認会計士による適切な決算資料の作成を行うなど、情報開示に積極的であり、以前から銀行との良好なリレーションシップが構築されていたことが功を奏し、申込みがあった10億円のうち8億円を無担保のプロパー融資、2億円を有担保の信用保証（「経営者保証ガイドライン対応保証」）付融資で実行してもらいました。

ケース2 勘定科目内訳明細書などの資料を追加提出したB社の場合

次の事例は、電気工事業者の例です。

B社は、企業グループの1社として毎期安定的に受注を確保し、業況は堅調に推移していました。

銀行とは長年、預金取引のみでしたが、大口公共工事が重なった場合を想定して、2億円の融資枠開設の検討を銀行に依頼しました。

法人の収益力・財務内容については問題ないと判断してもらえたものの、財務関係資料については、貸借対照表・損益計算書のみで勘定科目明細などの提出がないため、法人と個人の資産・経理が分離されているかの判断を行うことが困難な状況でした。

そのため、ガイドラインで経営の透明性を確保することが求められていることについての説明を受け、勘定科目内訳明細書などの資料を追加提出しました。銀行は、改めて検討を行い、法人と個人の資産・経理が分離されていることを確認し、経営者保証を求めずに融資してもらえることになりました。

ケース

3 債務超過だったC社の場合

次の事例は、ガイドラインの要件は満たされていなかったものの、経営者保証を求められなかったという珍しい事例です。

C社は、ガス設備工事、メンテナンス、ガス機器販売などを営む企業で、ある地方銀行のメインの取引先でした。

一般家庭向け省エネ設備の仕入のため、C社は新規融資の申込みをしました。銀行はC社が、社外取締役及び監査役といった外部からの適切な社内管理体制を整備しているなど、法人と経営者との関係の区分・分離が行われていることを確認しました。また、定期的に試算表及び銀行取引状況表の提出があるなど、以前からC社と銀行は良好なリレーションシップを構築していました。

C社単体は債務超過（関連会社との連結では資産超過）だったのですが、業績が堅調であり、今後も利益計上が見込まれることから、利益による債務の返済が十分可能であり、2年後には債務超過の解消も見込まれると銀行が判断し、経営者保証を求めずに融資が実行されました。


A社やB社のように、経営者保証に関しては売上規模ではなく、「法人と個人の分離」、「財務基盤の強化」、「適切な情報開示」という3つの条件をクリアすることが必要です。しかもC社のように債務超過の場合でも、将来の計画を含む自社の事業を理解してもらうことで企業の信頼性を高め、経営者保証をせずに融資を受けられるケースもあります。したがって今の状況に一喜一憂するのではなく、将来の事業計画、法人・個人の分離や帳簿関係の開示を行うなど、金融機関との信頼関係をつくる努力をすることが大切です。

M&Aによる事業承継事例

本章の最後に紹介する事例は第三者承継、いわゆるM&Aによる事業承継の事例です。

ケース1 大手企業の傘下に入ったA社の場合

A社は、システムの開発販売事業を行っている企業です。社長は以前からM&Aに興味があり、会社の課題が見えてきた中で、自社単独での事業に限界を感じ、生き残るためには大手の傘下に入ることが必要だと考えていました。

当時、この社長の年齢は50代半ばであり、早期引退を考えていたわけではありませんでした。ただ自分が辞めた後に社長を務めてもらえるような人物が社内にいないため、このタイミングで経営権も譲渡したいと考えていました。また、自分たちが開発・製品化したサービスを、さらに伸ばせる企業とのM&Aを希望していました。

A社製品は「とても良い」、「他社のものとは比較にならない」など、同ジャンルの製品群の中では好評価を受けることが多かったのです。それでも競合も多く、資本力のある企業が広告・CMを出してくる中で、口コミや人脈でコツコツと販売していくしかなかったため、正式な受注にはつながっていなかったのです。

M&Aを仲介する業者に提案してもらった2社は、どちらも一部上場企業で、B社は経営コンサル・アウトソーシング事業を、C社はマーケティングから派生してシステム開発・SES（システムエンジニアリングサービス）事業を営んでいる企業でした。

B社は自社製品が対象としているソリューションと事業領域が同じです。一方、C社はIT企業という意味で同業ではありましたが、事業シナジーはあまりないかもしれないというのがA社社長の感想でした。

B社は業歴もある著名な企業で企業ブランドもしっかりしており、短期的に明確な事業シナジーがあるため、A社からすると自社製品の売上とともにブランド力をさらに伸ばしていけるのではないかという期待がありました。しかし、社風が保守的であることや、中長期的に自分たちがやりたいことがあっても動きにくくなりそうな雰囲気がありました。

候補企業2社と面談を重ねた結果、最終的にA社社長が選んだのはC社のほうでした。理由は、A社製品が中長期的に事業シナジーを生み出せそうであること、従業員の雰囲気が似ていること、C社の企業理念がA社の創業経緯と似ていたことが決め手になったのです。

譲渡後は株主が上場企業に代わった以外は、従業員の処遇など、何も変わらずに事業を運営しています。A社社長も経営や社内管理に関する仕事が手から離れて、自社製品の強化・営業活動にまい進できています。

また、業界内で知名度のあるC社のグループになったことで、検討段階で正式な受注に思ったように進まなかった状況が「C社のグループ会社なんですね」という一言が増え、以前とは比べ物にならないスピードで受注まで進むようになっているそうです。

A社社長は、一部上場企業のC社のグループ傘下に入ったことで、改めて身の引き締まる思いを感じつつ、グループ会社内は役員も従業員も若い人が多いので、その中に埋もれないように存在感を出して、相互に高めあえる関係性を築き上げていきたいと語っています。

ケース

2

一時は廃業を検討しながらもM&Aで事業が拡大したE社の場合

M&Aの2つ目の事例は、自動車整備、鈑金を行っているE社です。

E社は、従業員が20名、年商4億円で高い技術力を持っており、かつ業歴は長いため、地域に根付いた営業方針で財務内容は良好でした。

しかし、若者の車離れの影響もあり売上は年々減少、さらに今後訪れる自動車業界の技術革新への対応に不安を抱えていました。加えて、社長は70歳を超え後継者もいないことから、M&Aによって会社を譲渡することを決意しました。

「父が築いた会社と従業員を大切にしてくれる方に渡したい」というのが、社長の要望でした。

E社は市街中心地に近い場所で本社、店舗、工場を所有していたため、譲渡価格が高くなることから、関心を持つ企業は多いものの、その投資額を出せる企業が限られていました。そのため候補先探しは想定よりも難航しました。

ようやく見つかったF社は、その地区で複数店舗構えており、多くの車検を受け入れていましたが、十分な設備がなく、提携先に外注していました。それだけではなく、F社は社内で整備技術コンテストを開催するなど教育に熱心であり、人に焦点をおいた会社であることから、E社とのシナジーや企業風土も似ていました。意気投合するのに時間はかからず、すぐに基本合意を結び、デューデリジェンスに入ることができました。後日、無事にM&Aは成立しました。

M&Aを実施した半年後、E社の社長に話を聞いたところ、提携当初はF社とのやりとりに手間はかかったものの、M&A前に20名いた従業員は、全員が継続して勤務しているだけでなく、25名まで増えたそうです。

また整備台数も1・2倍になっており、今後さらに増える見込みとのことでした。

「これまでは目の前のことで頭がいっぱいだったが、F社がいろいろアドバイスしてくれるので安心できる。今は自分の想いを若い人につなぎたいという気持ちが強くなり、教育が楽しい。M&Aをお願いしてから、候補先が見つかるまで時間がかかりましたが、仲介業者の担当者が諦めずにF社とつないでくれて本当に良かった。素人でわからないこともある中で、不安もありましたが、サポートをしていただいたおかげで、皆が納得した契約をできたことに改めて感謝しています」とM&Aの成功を喜んでいました。

M&Aは企業同士の結婚にたとえられることが多く、譲渡企業にとっては生涯に一度きりの経験です。特に中小企業及び小規模事業者にとって、専門的な内容が多いことから、M&Aが成功するためには、仲介業者の丁寧なサポートが必要です。

成功するM&Aとは、金額だけに目を向けるのではなく、企業の風土、理念をお互い理解することが大切です。「社長の想い」を理解して譲受企業を探してくれるような、血の通ったM&Aをしてくれる仲介業者を選ぶことをお勧めします。

ぜひみんなが幸せになるM&Aということを基本に考え、お金だけではなく、引き継いでもらう相手の企業の中身を十分に把握したうえで第三者承継を行っていただきたいと思います。

企業の目的とは

本章の最後に、企業の目的は何かについて、改めて記しておきたいと思います。

企業の目的はあくまでも永続であり、儲けることはその手段です。永続するからこそ社員を雇用し、納税をして経済を回せるのですから、経営者は、倒産はもちろんのこと、廃業も絶対にするべきではありません。どんなことをしても承継し、企業を永続させるという気持ちを肝に銘じてほしいと思います。

そのために今、政府でもさまざまな手段を講じ、税制面でも本当に驚くべき大きな特例を打ち出しています。金融機関の貸付も、「経営者保証に関するガイドライン」をクリアすれば個人保証をとらずに済む方針ですから、金融機関で中身をよくチェックしてもらえば、事業承継は決して恐れるものでも、不便なものでもありません。

問題は、経営者が事業承継をするという決断をし、次の一手を打つか打たないかです。ですから私が申し上げたように、まずは自分の会社の株価を算定し、自社の価値が本当はいくらなのかということをチェックしたうえで、自分の親族に承継させるのか、それとも従業員に承継させるのか、あるいは第三者に承継させるのかを考えてください。

そして親族もしくは従業員に承継する場合は、引き継がせる人の年齢がまだ若いからと言って二の足を踏むのではなく、若い経営者ほど大きな成果を上げているという結果を信じて、30代への承継を積極的に行えば、その企業は大きく進歩するはずです。

第3章

生産性を高めるだけにとどまらない！メリットだらけのDX化

デービッド・アトキンソン氏の主張に対する疑問

菅義偉内閣の発足後、菅総理は元ゴールドマン・サックスのアナリストであるデービッド・アトキンソン氏の提言により、中小企業分野の政策を推し進めようとしています。

デービッド・アトキンソン氏の主張は次のとおりです。

「従業員20名未満の中小企業が異様に多い社会構造が、日本国の生産性を下げている。この原因は1960年代に制定された『中小企業基本法』の法律にある優遇措置である。この法律が企業規模を小さいままにしておこう、というインセンティブにつながり、生産性を上がらなくしている。日本には小規模事業者が約305万社もあるが、その平均従業員数は3・4人に過ぎない。

企業の規模が小さいほど生産性は低くなり、イノベーションが生まれず、所得水準は低く、女性が活躍しにくい。昨今導入が推進されているテレワークも規模の大きな企業ほど導入比率が高く、小さな企業ほど進んでいない。つまりやる気がない。大半の小規模事業者は『日本の宝』ではない。要するに中小企業及び小規模事業者は数ばかり重視するものではなく、中身をもっと見るべきだ。深刻な人口減少に直面する日本が本当に生まれ変わりたいのであれば、小規模事業者に偏った産業構造そのものを見直さなければならない」

日本企業の99・7%を占め、雇用の70%を支えている中小企業及び小規模事業者が、この指摘どおりに淘汰《とうた》されて、本当にいいのでしょうか。

たしかに、1960年代に制定された中小企業基本法には問題があります。私も東京商工会議所の副会頭として、中小企業庁と一緒に見直しを図るために、この問題に取り組んでいます。

中小企業基本法があるから、中小企業及び小規模事業者が小規模のままでいよう、そのほうが得だなどと、本気で思っているのでしょうか。

なかには中小企業及び小規模事業者のままでいたほうが、いろいろな恩典や税制優遇が受けられるから良いと考えている企業もあるかもしれません。しかし、大半の企業は小規模のままで良いと思って仕事をしているわけではありません。

一生懸命努力しているけれども、結果として小規模であるというのが実情です。中小企業基本法そのものが原因で生産性が上がっていない企業というのは、限りなく例外に近い存在であるはずです。私はこのアトキンソン氏の提案については、真っ向から反論したいと思います。

「結果として小規模である」というのは、例えば大企業が儲からない状況になると、そのしわ寄せが中小企業にいってしまうことがこれまで連綿と続けられてきたことから、なかなか事業規模を大きくできなかったという側面があることも、忘れてはなりません。

あるいは今、行われている「働き方改革」にしても、大手企業は残業ができないから、その分を下請けとなっている中小企業に押し付けるということが、平然と行われている事実を、私たちはしっかり見ておく必要があります。

こうした事態を防ぐため、日本商工会議所と東京商工会議所は「パートナーシップ構築宣言」を２０２０年６月に出しました。これは、中小企業や小規模事業者への「取引条件のしわ寄せ」を防ぐことをはじめとして、大企業と中小企業・小規模事業者が手を取り合って付加価値向上や、オープンイノベーションなど新たな連携を促進することを目的としています。こうした取り組みによって、中小企業経営の活性化を目指したいと考えています。

とはいえ、たしかにデービッド・アトキンソン氏が言っているように、「生産性向上」、「人手不足」、「大事業承継時代到来」の中で、日本の中小企業及び小規模事業者にとってもっとも大きな課題は、やはり生産性が低いことです。

本章では、この生産性向上という、中小企業及び小規模事業者が抱える本質的課題について考えてみましょう。

中小企業及び小規模事業者が抱える本質的課題

皆さんもご存じのように、Ｓｏｃｉｅｔｙ５・０が到来する中でＡＩやＲＰＡ（ロボティック・プロセス・オートメーション）、ＩｏＴ（インターネット・オブ・シングス）、ロボットなどの技術革新が目覚ましく、それらを活用することで新しい生活様式に対応した、非接触型ビジネスモデルへの転換や自動化による生産性向上が期待されています。

新たな日常における社会経済を支えるのは、これらのＩＣＴ（情報通信技術）であり、中小企業及び小規模事業者においても活用を進め、デジタル化を加速することが求められています。テレワークの導入による業務効率化のほか、非接触型ビジネスモデルの構築に向けての取り組みが、中小企業及び小規模事業者においても、どんどん進み始めており、これを定着することこそが生産性向上の第一歩になります。

ＩＣＴツールの導入については、導入前の経営診断や業務プロセスの見える化を通して費用対効果を検証するとともに、導入後のアフターフォローによる効果測定と、改善策の検討を行い、ＩＣＴ化の取り組みを定着化させることが重要です。

このビフォー・アフターの比較こそが大事なのです。この部分の見える化をしなければ、中小企業及び小規模事業者は、どれだけの効果があったのかについての検証ができません。効果の有無がわからないため、結果として途中でやめてしまい、ＩＣＴ化の取り組みがうまく定着しないのです。

ただし、構造的な課題として人手不足があります。ＩＣＴなどの新しい技術の導入を検討したくても、それを使いこなせる人材がいない、あるいは従業員の活用法を指導する余裕がないのです。このような理由から具体的な取り組みができなかったり、想定していた成果が上がらなかったりするケースも多く見られます。

成果を最大化するためには、中小企業及び小規模事業者の社内で、ＩＣＴ導入や活用を先導する人材を育成することも大事です。

昨今騒がれている働き方改革は、これまでの労働慣行や社会の変化を促し、生産性向上と多様な人材の活躍を推進するきっかけになるものです。新しい生活様式に即した働き方の推進にもつながります。この働き方改革が生産性向上の一部になるような形で、中小企業及び小規模事業者は取り組む必要があります。

とりわけ、ＩＣＴ活用については、中小企業及び小規模事業者におけるＤＸ（デジタルトランスフォーメーション）の取り組みが今後、中小企業及び小規模事業者の成長もしくは生存を大きく左右する材料になるでしょう（ＤＸについては後述）。

「Society5・0」と「第4次産業革命」

では、これからSociety５・０、すなわち第４次産業革命がもたらすビジネスチャンスとはどういうことなのかについて、改めて話をしていきたいと思います。

皆さんはSociety５・０あるいは第４次産業革命について、本当に理解や整理ができているでしょうか。

株式会社フォーバルでは、弊社とお取引がある中小企業数千社に直接、弊社社員が伺って、対面でさまざまな質問を行い、その調査結果をフォーバルグループ版中小企業白書『ブルーレポート』として毎年まとめています。その調査結果によると、中小企業の60%以上が情報活用社会に期待していることがわかりました。

しかし現実は、Society5・0の内容について約90%の企業が「あまり知らない」「知らない」という回答結果でした。そして「すでに取り組んでいる」企業はわずか1・2%です。約99%の企業は、まだ実際の取り組みをしていないことがわかったのです。

これはどういうことかというと、世の中の大多数の企業はまだ近い将来にすら目を向けることができていないということです。すなわち経営者の皆さんにとって、チャレンジできる可能性がたくさん残されているということです。

本題に入る前に、まず第4次産業革命、Society5・0が、どういう流れでできたのかを整理しておきましょう。

はじめにSociety5・0ですが、これは日本が提唱する未来社会のコンセプトを指します。Societyと記されているとおり、社会を基軸とした考え方になります。5・0ということは、Society1・0、2・0、3・0、4・0があり、これまで人類がたどった社会のフェーズに沿って順番付けがされているのです。

Society1・0とは狩猟社会、Society2・0は農耕社会、Society3・0は工業社会、Society4・0は情報社会のことです。そして今話題のSociety5・0は、超スマート社会というように位置付ければいいでしょう。

一方、「第〇次産業革命」は、産業の発展に即して整理したものです。近代社会は技術革新を積み重ねて現在に至っています。

第1次産業革命は、18世紀半ばに軽工業中心で、工場制手工業が起こりました。

第2次産業革命は、19世紀の後半に重工業中心の石油・電力・重化学工業などの産業を中心として、工業生産が飛躍的に拡大しました。

そして第3次産業革命は、20世紀の後半にエレクトロニクス産業を中心として自動車、電子、PC産業などが大いに成長した時代です。

第3次産業革命で成し遂げられた情報技術の進展は、その後さらに発展を続け、現在ではさらにその先として、AIやIoT、ビッグデータなどを活用する技術革命の時期に入っています。これが第4次産業革命です。

つまり第4次産業革命は、情報通信を中心とした技術革新により超スマート社会＝So

ciety5・0をつくるための革命です。それによって、皆さんの生活がとても便利になります。時間や空間による制約から解放された便利なスマート社会をつくるのが、今の社会の在り方です。

技術革新を経て経済構造や企業活動、社会の在り方が変革しました。第4次産業革命という変革のもとに我々は今、また新たな社会変革を起こそうとしているのです。

進化を続けるIT

ところで、皆さんは、ITがどのように進化してきたかご存じでしょうか。

2000年の前後にIT（インフォメーションテクノロジー）、つまり情報技術という言葉が世の中に一気に広まりました。

ところが2000年代半ばに、このITにCが入って「ICT」になりました。インフォメーション・コミュニケーション・テクノロジー、つまりITに通信が加わったのです。情報技術で人とインターネット、あるいは人と人をつなぐ役割を担うということです。パソコンやスマートフォンがより便利で効率的に使われるようになりました。

そして、そのＩＣＴが２０１０年の半ばころから、「Ｃ」が「Ｏ」に変わって「ＩｏＴ」になりました。インターネット・オブ・シングス、いわゆる「モノのインターネット」ということです。電化製品や自動車、建築物、医療関連のデバイスなど、あらゆるモノがインターネットに接続され、自動的かつ即時に情報交換できることで、より便利な社会を実現する動きになったのです。

モノから膨大なデータが集まる仕組みが構築され、大量のデータを生み出す環境に拍車がかかりました。こうして生まれた巨大なデータは、ビッグデータと呼ばれています。

それでは、ＩｏＴとビッグデータの活用事例を紹介しましょう。ビッグデータは集めるだけが目的ではなく、活用しないと意味がありません。

気象情報会社のウェザーニューズとトヨタ自動車は、ＩｏＴとビッグデータで気象予測の精度向上、及びドライバーの安全向上を目指す共同研究を開始しています。この実験では、対象地域を走るトヨタのコネクティッドカーのワイパー稼働状況をマップに可視化し、実際の気象データと照らし合わせます。ワイパーの稼働状況は主に降水の有無と対応するため、ワイパーデータの活用により、一般的な雨雲レーダーでは捕捉できない降水状況の把握が期待できます。

ワイパーデータと気象データとの関係を詳細にＡＩが分析し、カーナビやスマートフォンでアラートをキャッチすることで、状況に応じた運転者への注意喚起を行い、ドライバーの安全に寄与することを目指します。

雨天時の事故率は晴天時の4倍だと言われています。気象データとコネクティッドカーから得られる車両データを分析し、「いざというときに役に立つ」情報として広く提供し、ドライバーの安全運転に寄与することを両社は目指しています。これはＩｏＴ、ビッグデータ、ＡＩの合わせ技で実現できるのです。

もう1つ事例をご紹介しましょう。

ＩＢＭが開発した「ワトソン」という医療ＡＩがあります。

日本では病気の診断をするために、患者は病院に行ってさまざまな検査を受けなくてはならず、医師もその治療方針を決めるために、患者を診察しなければなりません。

これに対して今、アメリカの病院では、ワトソンが患者に対して、たくさんの質問を行います。そして患者がそれに答えるだけで、99％の精度で病名と治療方針がわかるのです。医師はそのデータを見た瞬間に即、治療できるよう試験運用が進められています。

ワトソンを使うことで事前の検査・診察を大幅に削減できるようになりました。すぐに治療に入れること、患者も医師もいたずらに多くの時間を使って検査するのを回避できることなど、双方にメリットが生まれることが期待されており、すでに多くの成功事例が報告されています。これも過去の多くの症例をビッグデータとして集め、それをＡＩが解析することで実現する活用事例の１つなのです。

挑戦すべきはデジタルトランスフォーメーション

我々は、ＩｏＴ、ビッグデータ、ＡＩを活用して何をするべきなのでしょうか。挑戦すべきは、デジタルトランスフォーメーション（ＤＸ）です。

ＤＸとは何を表す言葉でしょうか。

トランスフォーメーションとは「変化」や「変質」、「変革」を意味します。これにデジタルが加わり、「デジタル技術による変革」、つまりデジタル技術によってビジネスや生活をより豊かにしていく革新的なイノベーションを指します。

ＩＣＴ技術の単なる導入ではなく、それを利活用して社会を変革させようというフェーズに、世の中が変化してきたことの象徴です。

つまり、ＩｏＴやＡＩなどの最先端ＩＣＴ技術を活用することにより、新たな価値を生み出し、様変わりする経営環境において競争力を確保していくことが、これからは極めて重要になっていくということです。

今までは人間が会社の在り方やビジネスモデル、目標達成を決めてきました。これからはＩｏＴによって、ビジネスに必要な多くの情報、つまりビッグデータを集めることができます。

そして、集めたビッグデータの整理や分析をＡＩが担うことで、時間の省力化、効率化が図れます。

その結果、従来では考えることができなかった、もしくは考えることはできたとしても大変多くの時間がかかっていたものが、いとも簡単に実現できるようになります。

例えば一昔前だと、ソフトウエアを1つ開発するにしても、数千万円、あるいは数億円という莫大な開発費用と、かつ2年、3年というように時間もかかりました。こうして、ようやく完成するわけですが、今は違います。クラウドにさまざまなソフトウエアが上げられていて、それを自由に使えるＡＳＰ（アプリケーションサービス・プロバイダ）というサービスを活用すれば、他人がつくったソフトウエアを利用して、新しいサービスを生み出すことができます。それも、大半のＡＳＰはサブスクリプションモデルを用いているので、利用者にとってはコストが安く済みます。

あるいはＡＩによって、人間が行うのとは比べ物にならないくらいのスピードで分析させれば、その分だけ回答も早く得られ、開発にかける時間を大幅に短縮できるはずです。

そしてＩｏＴという、人間に取って代わる情報収集方法、ＡＩという人間に取って代わって膨大な情報を整理整頓《せいとん》する能力、そしてこれらを活用し、ＤＸ、デジタル技術によってビジネスそのものを変革することにより、企業は生産性を高められるようになるのです。

今、日本は第４次産業革命によりSoc.ietｙ５・０の実現を目指しているということは先ほど述べたとおりです。リアル社会と、ＩｏＴやＡＩ、ロボットなどによるサイバー空間との融合によって構築される超スマート社会が我々の生活を豊かにする、という信念のもとに今、国はそれを進めようとしているわけです。そのための起爆剤になるのがＤＸなのです。

多くの中小企業及び小規模事業者にとっては、まだまだ現実味がないと思っているかもしれません。一方で、情報通信環境の急激な変化やグローバル化の進展は、すべての企業にとって他人事《ひとごと》ではありません。確実に目の前に控えていることなのです。ＤＸを単なるＩＴの延長線と考えるのではなく、経営を変えるための手段と考えてもらったほうがいいかもしれません。

デジタル革命をビジネスチャンスにするか、取り残されるか

では、どのように経営を変えるべきなのかについて、わかりやすく説明したいと思います。

今、皆さんの周りのいたるところで、デジタル革命が起きています。１９９５年のインターネット元年から25年がたったわけで、今やＩＴは経営に欠かせないツールになりました。

それは通信や情報入手の手段だけではなく、業務管理、顧客管理、ＰＲなど、ビジネス現場のあらゆる領域に広がっているのです。

通信速度が格段に速くなり、デバイスが多様化して、ニーズに基づいたツールも細分化・

高度化しています。より便利なもの、より効率的なものを追求する中で、日進月歩でＩＴは進化を遂げてきたのです。

具体的事例を紹介しましょう。

例えば電話。昭和の時代は黒電話でした。では、黒電話はどのように進歩したでしょうか。

ダイヤルからボタン式へ変わり、ＦＡＸ機能や子機が使えるようになるなど電話機自体が進化したことはもちろんですが、固定されたものから、持って歩ける携帯電話になりました。

さらに携帯電話はスマートフォンへと進化しました。

カメラはどうでしょうか。昔は撮影するたびに新しいフィルムを買う必要がありましたが、デジタルカメラが普及して、フィルムではなくメモリーカードにデータで繰り返し保存できるようになりました。そのうちカメラもメモリーカードも必要なくなり、スマートフォン１台で撮影も保存も編集も、友人との共有も、すべて完結できるように進化しました。

レコードはどうなったでしょうか。やはりCDというデジタル媒体へ移行し、近年はスマートフォンさえあれば好きな音楽をどこでもダウンロードできるようになったため、CDも淘汰されつつあります。

パソコンはどうでしょうか。いわゆるデスクトップからノートブックパソコンへ小型化が進み、そしてタブレットやスマートフォンのようにさらにコンパクトになり、処理能力や画質も大幅に高性能化を続けています。

このように、皆さんの周りでは、いたるところでデジタル変革が起きているのです。DXという言葉こそ使っていないものの、「デジタルによる変革」といえる変化は、この世にたくさん存在しているのです。

しかし25年前に今、目の前で実際に起こっていることをイメージし、ビジネスチャンスとして真剣に取り組んできた人がどれだけいるでしょうか。

例えば、一人ひとりの手のひらに高性能パソコンがあって、それをポケットに入れて持ち歩くことができ、電話やパソコン、カメラ、レコードなどすべてが統合されたスマートフォンの普及を、いったい誰が想像したでしょうか。

タクシーや宅配も同じです。人に代わって機械が行う自動運転やドローンを、誰が想像したでしょうか。今やドローンが宅配をする時代です。完全自動運転の実現もそう遠くありません。

家電も、本も、食事も、ネットで注文すると即日配達できるというサービスを通じて大きく成長した企業に、アマゾン・ドット・コムやウーバー・テクノロジーズがあります。このようなことを誰が想像したでしょうか。

デスクワークも会議も自宅でできるようになりました。テレワークはこのコロナ禍において、多くの企業がやらざるを得ない状況になりました。そして、そのテレワークも今や普通になり、人がわざわざ出張をする必要もほとんどなくなりました。

このように、世界中の人がテレワークをし、ウェブ会議をすることを誰が想像したでしょうか。

レコード店にもレンタルビデオ店にも行く必要がなくなる、音楽や映像配信の普及を誰が想像したでしょうか。私の家の近くの大きなレンタルビデオショップも、つい最近閉店してしまいました。

このような変革が皆さんの近くで起きています。これらはまさしくＩＴ化やＩＣＴ化ではなく、産業そのものが大きく変わるDXそのものです。このような変革を予測し、対応するか、しないかで企業の未来が変わってしまうのです。

世の中には、こうした変革を予測・対応できなかったために廃《すた》れ、消滅した商品・サービス・業界がたくさんあります。しかし反対に、これをビジネスチャンスとして大きく成長した会社もあるのです。

「そんな大きい変革、ウチには無理ですよ」と言われるかもしれませんが、必ずしもプラットフォームそのものを提供する立場になる必要はありません。自社にできる範囲で改革を行い、ビジネスチャンスをモノにしてきた会社もたくさんあるのです。皆さんの会社も何ができるかということを、今申し上げたような視点から考えてみると、たくさんのビジネスチャンスがあることに気づくと思います。

例えば、スマートフォンはあらゆる人やモノや生活に関わりが広がっています。はたして皆さんのビジネスはスマートフォンに対応しているでしょうか。もしできていないとしたら、時代から取り残される側であるかもしれません。

DXを象徴とするAI、IoT、ビッグデータも、これまでの技術が社会に少しずつ浸透し、効率化ツールとして企業活動にも採用されてきた経緯と比較すると、その効果や扱う商品のレベルの高さなどが一気に上がってきました。

これはまるで江戸時代末期に、日本に黒船が襲来したようなものです。

黒船襲来によって、日本は明治維新という大変革を余儀なくされました。それと同じようにDXの襲来によって、大企業も中小企業及び小規模事業者も変わらざるを得ない時代が来ているのです。これがまさにSociety4・0から5・0への変革です。


では、なぜDXは社会を一変させてしまうのでしょうか。

これからAIが一般化していくことによって、発展・変化のスピードがこれまでの常識をはるかに超えて、指数関数的な勢いで伸びていくからです。近い将来、AIが自分で考え、人間の能力を超える、シンギュラリティ（技術的特異点）に到達することで、それは実現します。

その伸び方は、最初こそ緩《ゆる》やかです。ある時点から急激に伸び、そうこうするうちに人間では計算できないほどの伸びに変わってしまうのです。

第3次産業革命がコンピューターの発明によって、既存のやり方の自動化や効率化が進んだフェーズだとするならば、第4次産業革命では、機械が自分で考えて行動したり、サイバー空間とデジタル空間の境目がなくなったりというように、従来の概念が通用しない構造上の変化が起きてくるでしょう。

これは、大変なことです。今からその動きに対応するための準備をしておかなければ、気づいたときにはどんなに頑張っても手遅れだということになりかねないのです。

DXは経営改革ですから、経営者自身の覚悟が不可欠です。

DXは単なるデジタル化ではありません。従来のシステムの在り方、人材投資の在り方を根本から見直し、得られた情報を味方につけて、新たな価値を生む組織へと生まれ変わらせる「経営改善」なのです。したがって、経営者自身が相当の覚悟を持って旗振り役となり、率先垂範しなければ実現できません。

DXを実現するためにはITシステム構築が不可欠ですが、そのために経営者が押さえておくべきことを述べたいと思います。

それは、DX実現のためには組織・システム双方からの切り込みが必要だということです。

単にＩＴシステムへの「モノ」と「ヒト」の投資のみならず、組織全体の業務内容やフロー、情報の蓄積、管理の見直し作業が求められます。創出される新たな価値がどのようなものなのかをイメージし、新たなビジネスを展開する意欲を共有することで、全社が一丸となって取り組むための合意形成を行うことが重要です。投資だけではなく、幅広い取り組みをしなければなりません。

会社を変革する上で重要なことは、やはりビジョンです。ＤＸであっても、ここは変わりません。「社会性→独自性→経済性」の優先順位で、経営者はあるべき大きなビジョンを示し、これを全社で共有することがもっとも大事なことです。これができなければ社員も動かず、何も変革できないのです。

皆さんはこの一番大事なところを忘れずに、ＤＸに向き合い、取り組んでいただきたいと思います。

ＤＸから目を背けたら、企業は生き残ることはできません。現在進行形で産業・インフラのデジタル化が進んでいます。皆さんもよくご存じのＧＡＦＡ（米国の主要ＩＴ企業であるグーグル、アップル、フェイスブック、アマゾン）は、膨大なデータを活用し、莫大な利益を上げています。

しかし、中小企業及び小規模事業者、とりわけ少人数で日々の業務に追われている小規模事業者にとって、実際にＤＸに取り組み、新たな価値創造にチャレンジするには、多くのハードルがあるのも事実です。

一番の問題は、経営者のＤＸに対する意識が希薄であることです。なぜなら日々の仕事に忙殺されていて、ＤＸにまで考えが及ばないのです。

「そこまでする必要があるのか？」「ウチはＤＸなど無理だ」と感じるその背景には、日々の企業経営における余裕の少なさや、危機意識の薄さ、具体的な未来に対するイメージがないことが原因ではないかと私は思っています。

しかし、25年前を思い返してください。ＩＴは皆さんの会社に不要だったでしょうか。いくら他にない強みがあったとしても、対応しなかった会社は淘汰されていったのではないでしょうか。

会社の将来を考え、リーダーシップをとるのは経営者だけです。ＤＸは世界で確実に進んでおり、これから4年後の２０２５年には一気に展開がみられるのだということを、経営者の皆さんは理解してください。俗に「２０２５年の崖」と言われています。この言葉は、経済産業省が２０１８年にまとめたレポートのタイトルとして登場し、注目を集めました。

２０２５年の崖とは、それまで長く使われてきた既存のＩＴシステムの老朽化、肥大化、複雑化、ブラックボックス化が、いよいよ企業の足を引っ張るようになる問題です。これまでだましだましカスタマイズしてきた企業の多くのＩＴシステムが、ハード的にもソフト的にも限界を迎えるタイミングとみられています。この問題を克服するためには、旧態依然とした現在のＩＴシステムを抜本的に交換しなければなりません。当然それは、ＤＸを前提にしたものであるべきです。そういう時代に向けて、経営者が「勉強する時間がないので、ＤＸには触れたくない」などと言っていられません。

これまで自社で行ったＩＴ化に掛けた時間と労力を振り返ってほしいと思います。ＤＸに向けた取り組みにはこれ以上の苦労がともなうという覚悟が必要です。時は待ってくれません。今始めなければ間に合わなくなります。

現時点で具体的に何をすべきかが見えなくても、アンテナを立て、最新情報をキャッチし、動くべきタイミングで動ける用意をしてください。特に中小企業及び小規模事業者は、あらゆる分野においてトップランナーである必要はありません。先進事例を広く学びつつ、目線を高くして、いつでも動き出せる準備をしておきましょう。

それともう1つ、人材の問題があります。DXが必要であることを理解したとしても、DXに詳しい人材がいないのです。ここはかなり深刻な問題だといえるでしょう。

しかし、人材がいないから取り組まないというのでは、会社の存続自体が危うくなります。いなければ、何とかしてその人材を確保する手立てが必要になります。

例えば大手企業は人が余っています。当然、DXなどに詳しい人材もいますから、そういう人材をレンタルするという方法が考えられます。この人材レンタルについて詳しいことは後述しますが、中小企業がDXの時代を自分たちのものにしてビジネスチャンスを獲得するうえで、この人材レンタルは非常に有効な手段になるはずです。

DXによって変わり始めた企業

ここまで述べてきたように、DXによって企業や社会がデジタル化し、それによってビジネスモデルが変わります。

すでに企業の中には勝ち組が出始めています。コロナ禍によって、皆、家にいながらにして物を買ったり食事をしたりすることが増えて、アマゾン・ドット・コムやウーバー・テクノロジーズなど通販や宅配サービスを提供する事業者は、売上を大きく伸ばしています。

テレワークを普及させたZoomビデオコミュニケーションズもしかりです。最近は家庭内で楽しめるネットフリックスなども視聴者を増やしています。

そして企業においても、セキュリティ対策を除けばオンライン会議ツールのZoomやマイクロソフトのTeamsなどでも打ち合わせが十分できることを、多くの人が理解してきました。

外に出て人に会うのが仕事だった営業も、オンラインビデオ会議で十分成立します。学校教育の現場でも、Zoomを活用するところが出てきました。会社に行かなくても仕事ができるし、顧客を訪問しなくても営業ができます。そして学校教育もリモートでできるのです。もはや、どうしても移動しなくてはいけない理由は、ほとんどなくなってしまいました。製造業も3Dプリンターがあれば、どこでも製品をつくれます。

こうなると、移動と通信の概念は今までと根本的に変わってきます。物理的な場所の重要性が薄れ、例えば都心の不動産価格などはどんどん下がっていくでしょうし、地方の不動産価格が逆に上がってくる現象が起きるかもしれません。

そこで、ＤＸや新しい生活様式を経て、具体的に企業がどのような変化をするのかを説明していきましょう。

【オフィスワーク】

オフィスワークはほとんどテレワークに代わっていくと思います。ただし、そのときに重要になるのは、社員の評価制度です。時間に縛られて働くという概念がなくなるため、いつどこでどのような形で仕事をしてもかまいません。朝型の人は朝、昼型の人は昼、夜型の人は夜というように、どの時間帯で働いても構わないとなると、従来の評価制度は変更せざるを得ません。つまり日本企業は、いよいよ本気になって成果主義を導入しなければなりません。

成果主義のもと、どのようにすれば正しく評価できるのかについて取り組んでいかなければ、テレワークは成功しないと思います。

もう１つ大きな問題になるのは心の問題です。

テレワークによって人と人との直接的なコミュニケーションがどんどんなくなりますから、今まで以上に孤独感や心の問題が大きくなるでしょう。企業は働く人に対して、成果主義による評価制度の見直しと同時に、心のケアをどのような形でしていくかが大事になってきます。下手をすると、企業に対する帰属意識がどんどん薄れてくる恐れがあります。したがってメンタルケアが、テレワークを成功させるための大きなポイントになります。心のケアなくしてテレワークは成功しません。

現に海外においても、米国のＩＴ業界で最先端を行く企業では、テレワークを導入したにもかかわらず多くの企業がテレワークをやめ、対面の仕事に戻ってしまいました。理由の1つとして、初年度はともかく、2年目、3年目になると生産性が落ちることがわかったからです。これは慣れもあるでしょうが、個人における心の問題をなおざりにしたため、心の問題や孤独感が増し、結果的に生産性が落ちることになったからです。

この問題は、まだまだ完全に解決していません。ですから日本の企業もテレワークを進めるのであれば、評価制度と同時にメンタルケアを重視しなければ、成功は覚束《おぼつか》ないことを理解する必要があります。

また、都心のオフィスの面積がどんどん減るという現象が起きています。現在もオフィスの改革がいろいろなところで進行中です。出社して仕事をするという概念そのものが変わるわけですから、本社機能などという、都心の家賃の高いオフィスを借りて運営する必要性が、これからはなくなっていきます。結果、オフィス事業そのものが大きな変化を余儀なくされます。

私が以前、商談に行った金融機関では、グループ会社も含めて本社の会議室をシェアし、会議室の空き時間をなくすように会議の予約を入れ、会議が長引かないようにしていました。このように生産性や効率を高めようとした場合、シェアリングという考え方が起きてくるのだと思います。

従来どおり会社に行くことが本当に必要かどうかということ、都心の家賃の高いオフィスを借りることが必要かどうかということ、シェアリングという考え方を持つこと、これらが企業にとっての大きな変化だと思います。

モノづくりの企業はサプライチェーンを見直して、部品調達と生産拠点を複数の国や地域に分散するようになるでしょう。

またオンラインでの販売チャンネルを持つようになります。人が物理的に動かなくとも、デジタルでサービスが提供できる事業へと変わっていくはずです。そうなると、ここでも

DXが重要になってきます。

【教育産業】

教育産業においては、ご存じのように学校によってはオンライン授業がスタートしています。これからはオンラインを前提としたさまざまな変化が起きるでしょう。例えば教科書や教材にオンライン教材が加わるなど、オンラインによる学習機会が増えれば増えるほど、学校に行かなくてもいいということになります。まさしくテレワークと同じ考え方です。

これは不登校で苦しんでいる子どもにとってチャンスです。学校の友人関係に悩んで不登校になった子どもでも、平等に学習機会が提供されるのです。

また、オンライン専門の学校や学習塾がこれからもっと増えていくでしょう。オンラインのいいところは、地域を越えて、世界中の人に教育ビジネスを展開できることです。

距離の制限がないため、より多くの人にリーチできます。さらに教材もデータで配信できるため、コストがほとんどかからなくなる可能性もあります。教師は生徒の理解を助けるための存在、すなわちサポーターになるわけです。そうなると家庭教師と何も変わらないことになります。

もともと学校経営の悩みの1つとして場所やエリアの制限がありました。それがオンライン学校の出現により、ますます従来型の学校の経営を厳しくするかもしれません。オンライン学習の教材もこれから大きく変わり、子どもたちが勉強し続けられるような面白さや成果が求められ、教育産業の競争に直結していきます。

さらにオンライン学習は、単に講義を動画で配信するだけのレベルから、映像や音楽、さらにはゲーム要素を活用したものになるでしょう。それもバーチャルリアリティ(VR)による没入型のものになってくる可能性があります。例えば日本の歴史上、代表的な戦いである関ケ原の戦いの経験を、文字や映像だけでなく、まるで過去にタイムスリップして目の前で繰り広げられているような体験ができるようになるでしょう。

このようにVRのコンテンツが発達すると、個人の意思で、歴史上の人物の考えや、彼らの生活を疑似体験できるようになります。教育産業は、新型コロナウイルスの感染拡大を機に、DX化が急激に進みだすのではないでしょうか。

これには大きな利点があります。例えば、開発途上国で十分な教育が行き渡っていないところに、先進国の教育者が出向いて学校をつくり、教育をするというような時間と距離をともなった支援が不要となります。今後オンライン化が進んでいけば、アメリカや日本などで開発されたコンテンツが、全世界の開発途上国に提供できるようになります。しかも教育者は日本やアメリカにいながら、途上国の人々に対してサポート、フォローできるようになるわけです。

このようにに教育のオンライン化が進めば、教育格差を生んでいる全世界の課題を解決できるのではないかと思います。教育産業は、このようなことを視野に入れて準備することによって、新しく始まるオンライン教育において大きなチャンスを得られるはずです。

具体的な事例を1つ挙げたいと思います。東証マザーズ市場に上場されている株式会社すららネットは、対話型ＩＣＴ教材「すらら」を用いて、ゲーミフィケーションの要素を盛り込みながら、子どもたちが楽しく学べる教材を制作して、教育格差をなくすための変革に取り組んでいます。

【金融業界】

金融業界では非接触型の電子決済がますます進み、定着化していくでしょう。ＬＩＮＥ

ＰＡＹやＰａｙＰａｙのみならず、海外では銀行口座と直接連動したウォレットをスマートフォンにダウンロードして利用できますが、日本でもそういった決済サービスが主流になってくる可能性があります。

欧米でも開発途上国でも、ネオバンクという新しいタイプの銀行が急成長しています。それらは支店を持たず、スマートフォン上で預金や振込み、買い物の支払いも行えるため、今までの銀行口座が不要なのです。

銀行業務はすべてデジタル化できます。ローンの審査も、銀行の窓口業務も、人間がいなくても可能になります。ネオバンクは人件費もオフィスの賃料も不要であるため、マージナルコストは無料に近づき、既存の金融機関に比べると圧倒的に高い利益率を実現できるようになるわけです。

このようにスマートフォンさえ持っていれば、銀行に行かなくてもすべての決済ができるので、ネオバンクは特に開発途上国において大きな役割を果たすでしょう。またわざわざ銀行まで行かなくても各種銀行取引ができるので、高齢化社会の一助にもなり得ます。

半面、昨今問題になっている、なりすましやいろいろなネットを利用した犯罪に対するセキュリティ対策には注意を払わなくてはいけません。盤石のセキュリティシステムを構築しないと、せっかく金融業界において利便性が高まるDXができたとしても、かえってマイナスになる恐れがあります。

また、逆に十分なセキュリティ対策やユーザビリティが実現できれば、今まで得ることができなかった客層を得ることも可能となります。言語や信頼性の問題もクリアできれば、一気に世界展開も容易になるでしょう。

【医療関係】

医療関係ではオンライン診療が日本でも話題になってきました。すでに欧米ではAIによる問診やCT画像の診断も強化されています。

オンライン診療を助けるために、スマートウォッチによる非侵襲的なセンサーの研究も拍車がかかっています。例えば海外においては、従来のMRIやCT検査機の1000分の1のコスト、約10万円程度で持ち運び可能な測定器を開発しています。このポータブルで低価格の測定器は、MRIやCTよりも細かい精度で、より早く測定できるそうです。

こういった機器を家庭に設置し、取得したデータをクラウドに上げることで、かなり高精度のオンラインAI診療が実現可能になります。それと同時に病院や薬局に行かずに薬を処方してもらうことで、オンラインによる薬の宅配も可能になります。これは、世界的に主流になっていくでしょう。

もちろんスマートウォッチを中心としたウェアラブル端末は、画像診断だけでなく、現在の歩数、心拍数、睡眠の質などの測定項目に加えて、汗の成分分析によって血液検査と同等の情報を測定できるようになっていくでしょう。これまでは年に1回の健康診断でしか健康状態を把握できなかったのが、これからは毎秒の健康状態が測定され、データがクラウドに蓄積されます。

製薬会社が薬を開発する速度も加速するでしょう。AIによって、今までは2年、3年もかかってきた新薬開発についても、非常に短期間で結果を出すことが可能になるのです。まさしく、日本の理化学研究所と富士通が開発したスーパーコンピューター「富岳《ふがく》」などが蓄積されたビッグデータを解析する役割を担うことになるはずです。

【小売業】

小売業は「店舗」と「非店舗」に区分されます。

例えば店舗の場合は、入り口に体温を測定するセンサーを置いたり、前述の医療用の画像診断デバイスを設置したりして、空港の手荷物検査のように健康状態に異常がないかを非接触で測定し、異常のある人は店外に誘導する仕組みが導入されるかもしれません。

米国ではアマゾン・ドット・コムが、2018年から店舗で商品を手に取り、そのまま店を出ると、自動で決済が完了する店舗「アマゾン・ゴー」を展開するなど、無人店が普及し始めています。一部店舗では、手のひら認証を取り入れ、入場から決済までを可能にしているのです。

もともとアマゾン・ゴーは、キャッシュレス店舗を目指したわけではありません。ECサイトの目的でもある低価格、品揃《しなぞろ》え、利便性を目指すところとし、購買データを基に商品開発や需要予測の精緻《せいち》化、プロモーションの変革などの方法を発明しようとしているのです。

セルフレジはコンビニエンスストアでも導入が進んでいくでしょう。店員は置かずに、セルフレジで客が商品のバーコードをスキャンし、ICカードなどキャッシュレスで決済する店舗もありますし、生体認証とスマートフォンアプリを組み合わせて入退店し、事前登録したクレジットカードでレジを通さずに支払いを済ませる仕組みを想定しているコンビニエンスストアもあります。

また、来店客が棚から欲しい商品を自分のバッグなどに入れるだけで、ＡＩカメラや棚の重量センサーなどを使い、どの客がどの商品を手に取ったかを自動的に判断してキャッシュレスで精算まで済ませることのできるスーパーマーケットもあります。日本でも今後、セルフレジは労働力不足と相まって、ますます導入が進んでいくでしょう。

顔認証システムによる、犯罪防止機能の導入も進みます。

在庫の入庫と棚出しに関しては、ロボットに置き換わる可能性があります。

日本では、小売業を含めたサービス業の生産性の低さが課題になっています。17年度の経済産業省調査では、小売業の労働生産性は５０１万円で全生産業の８９４万円を大きく下回っています。労働集約的だった店舗ビジネスで無人化が進めば、日本経済全体の生産性向上にもつながると思います。

一方、非店舗についてはオンライン通販がどんどん進んでいくでしょう。

スーパーマーケットもネットスーパー化をますます推進することが考えられます。

このように、店舗を有している場合における DX 化、またはオンラインを利用したＤＸ化によって、小売業においても大きなチャンスが訪れると思います。

例えばコンビニエンスストアでは、商品の価格が変わるたびに、棚札の変更を本部から指示し、人力で入れ替えていますが、手作業だと作業ミスが生じることもあります。

そこでＩｏＴ技術による電子棚札を使用することにより、本部からＡの商品はいくら、Ｂはいくらという情報を全店舗に、瞬時にデータを送れば、その電子棚札の価格が瞬時に変更可能になります。この電子棚札は人手不足を助ける役割も果たしており、すでに導入しているスーパーマーケットもあります。

デパートでの事例を挙げると、顔認識技術が組み込まれたデジタルサイネージをデパートの入り口に設置し、その前を通ったお客様がどのようにデパートの中を歩き回り、どのような商品を買っていったかを追跡し、データを取ることが可能になっています。

このように小売業においては、人力に頼っていたことをＤＸ化して生産性を上げ、今までは把握しきれなかった人の購買動向を、ＩｏＴ技術によって把握して購買需要に結び付ければ、より精緻なマーケティングが可能になり、マーチャンダイジングそのものを大きく変える可能性もあります。小売業はＤＸによって無限の可能性があるはずです。

【飲食業】

飲食業も大きく変化するでしょう。例えば、高速道路にあるサービスエリアのように、食券を購入してでき上がったらカウンターに取りに行くというように、接客が無人化される可能性があります。

フードデリバリーやテイクアウトのほか、加工食品をオンラインで販売することで、コロナ禍における外出自粛時期を乗り切ろうと頑張っていた飲食店もたくさんあります。したがって、普段からスマートフォンのアプリやSNSなどで、顧客とのコミュニケーションを密にしておくことが大変重要になるでしょう。

現在、都心ではフードデリバリーの自転車が目にとまらない日はありません。これはコロナ禍において就業形態の多様化が進んだ成果だと思います。空いている時間に、自分のできる仕事を、自分の得意な地域でやっていけるようになったからです。さらに発注・受注のためにスマートフォンの機能がフル活用されていることが、大きく関係しています。発注者、受注者双方にメリットがあるため、フル活用されているのです。

このように飲食業においては、デリバリーを取り入れることによって、従来のようにお客様を待つだけではない、新たなビジネスチャンスが生まれました。オンラインを活用することにより、飲食業におけるＤＸが始まっているのです。これからはフードデリバリーに限らず、さまざまなサービスが考えられるかもしれません。

【運送業・宅配業】

運送業や宅配業では、購買のオンライン化が盛んになればなるほど、いろいろな運送宅配事業が増加していきます。

現在のコロナ禍の状況で、宅配事業が大きく伸びているように、これからは人が外出せず、欲しいものを運んでもらうというオンライン化がますます進むでしょう。

ただし、問題になるのは配送要員の人材確保です。

そのため、より条件の良い仕事を紹介してくれる、クラウドソーシングのオンライン人材派遣業も、これから伸びてくるかもしれません。

運送業や宅配業は、良い雇用条件を示さなくては人材確保ができなくなります。また働く側も、この手のクラウドソーシングに登録することで、より良い雇用条件で仕事ができるのであれば、登録者は増えるはずです。宅配運送業は人材確保さえしっかりできれば、大変大きなチャンスのある業界として、最高に有望な産業だと思います。

【不動産関連業】

不動産関連業は、おそらく厳しい時代を迎えるでしょう。

テレワークの普及・定着によって、大転換期を迎えるかもしれません。企業は高い家賃を支払い続けて都心の一等地にオフィスを維持する理由を失いつつあります。社員全員分の机を置くのを廃止して、会議室と出勤した人だけが働けるスペースがあれば十分なのです。

自宅で仕事がしづらい人たちは、自宅近くの作業場所を望むでしょうから、コワーキングスペース、シェアオフィスなどのワークステーションが必要になります。

そうなると、都心の不動産価格は大きく下がる恐れがあります。一方、郊外や景色の良い田舎に人が住み替える可能性もあります。このおかげで地方において不動産価格が上昇することも考えられます。このゲームチェンジにうまく乗れた不動産会社にとっては、新たなチャンスかもしれません。

通勤するという習慣がなくなり、人の移動が大きく変わることによって、不動産事業における地域性も大きく変わるということです。これまでのように一等地に力を入れて不動産を仲介売買することよりも、地方に目を向けたビジネスが多く出てくるのではないでしょうか。

私の友人の会社は、日本全国にある、今は使わなくなった一部上場会社の保養所を買い取り、その保養所を会社の支店としています。好きな場所で仕事ができるので、スキーが好きな彼は冬になると新潟の支店で仕事をし、仕事が終わればスキーを楽しんでいます。海の好きな人は沖縄に行き、サーフィンを楽しみながら仕事をしているそうです。ワーケーションという名前があるように、今後、働き方もこの例のように大きく変わっていくでしょう。それによって地域が新たに活性化し、新しい不動産事業が増えてくる可能性にも、不動産業界は目を向けなくてはいけません。

以上、さまざまな業界がＤＸによってどのような影響を受けるのかについて述べてきましたが、ここから先は、中小企業のＤＸの展開について考えてみたいと思います。

中小企業にとって大きなメリットとなるＤＸ化

ここまで述べてきた中で、皆さんはＤＸの必要性についておおむねご理解いただいたと思います。そこで具体的に中小企業及び小規模事業者にとってのＤＸ化の目的と展開について、述べたいと思います。

その目的は、新時代での生き残りと、ビジネスチャンスの獲得です。

社内の効率化、連携、事業の見える化、社外展開が可能になることで、皆さんの会社にとって大変大きなチャンスになります。

ＤＸはテレワーク時代の積極的な社会対応の方法として、中小企業にこそ非常に大きなメリットがあります。

今から数年先、皆さんの会社がＤＸの導入によってどうなるのかを、部署ごとに想像してみましょう。

【経理部門のDX化】

まず勤怠《きんたい》データから、デジタルマネーによる日次給与払いが可能になります。従業員満足度アップ、採用にも貢献できます。さらに領収書を写真撮影し送信することで経費精算の自動化が進み、各部署からリアルタイムにデータが上がるので、即時決算もできるようになります。

自動化が進めば当然、経理業務に必要なスタッフ数の削減にもつながります。各部署の収支の見える化も進み、企業価値の算定も容易になります。これによって対外的信用力がアップし、いろいろな企業とのマッチングも可能になるでしょう。

【人事総務部門のDX化】

仕事の実績データを即時に賃金額などに反映でき、正当な評価が可能になります。類似業務を多くの人数で行う労働集約型の場合は特にそうです。実績データをブロックチェーンなど改ざんできない技術を使うことで、適正な社内の人事評価だけでなく、転職・レンタル人材として他社に出向させる際の評価の判定が可能になります。大企業社員の副業希望者の採用が進む可能性もあります。年金データなどの転職時の引継ぎなども簡単にできるようになります。

【企画・経営部門のDX化】

ＤＸに取り組んでいる中小企業及び小規模事業者の企業特性と、大企業のニーズとが見える化されることで企業マッチングが進みます。自社の特性を踏まえて、新時代への対応を企画しやすくなります。

もう少し詳しく述べると、大企業がある部品を探している場合、部品メーカーの企業マッチングサプライチェーンにアクセスすると、通常では接点がない部品メーカーで、この大企業が探している部品を取り扱っていることがわかり、大企業とその中小企業が結びつくということが行われるようになります。これはすでに現在行われています。

地方にある会社であったとしても、得意なものを持っている会社をＤＸによって大手企業が探せるようになり、その大手企業と中小企業及び小規模事業者が結びつくということが行われるようになるのです。これは中小企業及び小規模事業者にとっては、非常に大きなビジネスチャンスにつながっていきます。

【仕入・製造・出荷・在庫部門のDX化】

これまでより短時間で多くの企業と連携できるようになります。共同仕入、共同配送、在庫の共有ができる体制、構築が可能になるからです。

そして、各部署の仕事の流れとして経費、収益、特徴などがDXで見える化されますし、業務プロセスや体制の見直し、他企業連携が進む中で、複数企業間で共通化可能な部門がどんどん見つかりやすくなり、切り出すことが可能になります。共通化可能な部門、仕事は、各社連携で別会社を作ったり、地銀などが会社化して運営したりする方法などが考えられますが、これが実現すればコスト削減と本業集中に貢献できます。

すなわち、各社が全部仕入部門や製造部門や出荷部門を持つことなく、複数の会社が集合して、1つの仕入部門や製造部門や出荷部門をつくり、集中して効率化を図ることが可能になるのです。

【販売・営業部門のDX化】

業務のDXにより、営業の手元に現時点で受注可能な商品の種類、数量、受注から出荷までの期間などが即時に提示され、受注後の商品のプロセス管理が容易となり、販売力、顧客サポート力がアップして、営業に大きな貢献ができるようになります。

また、各社のＤＸで進む企業マッチングで、発注元となる大企業探し、パートナー企業探しなどが容易になり、地域を超えた受注、企業連携に加え、これまで想定していなかった業種からの発注、連携の可能性も出てくるでしょう。

このように中小企業及び小規模事業者のＤＸとは、ありとあらゆるものが効率化され、そこに可能性を見いだすことによって生き残りが図れるだけではなく、大きなビジネスチャンスにつながります。

また、将来においては、ＤＸにより、スーパーサプライチェーン、スーパー企業協業、スーパーテレワーク、スーパーレンタル人材、スーパー事業承継といった新体制が可能になります。

これについては、すぐに実現できるわけではありませんが、簡単に述べますと、次のようになります。

スーパーサプライチェーン

状況に応じて構成メンバーを変えるダイナミックサプライチェーンで流通を維持するこ

とで、危機管理能力と企業対応力がアップします。中小企業及び小規模事業者はＤＸにより普段はレギュラーメンバーになれなくても、リザーバーとして状況に応じて仕事が得られるようになります。

スーパー企業協業

新しいパートナー企業、新しい仕事を探すということです。サプライチェーンの中において、相手が探しているものをこちらの会社が持っていれば、地域や業種を超えて提携できる可能性も増えます。

スーパーレンタル人材

就社意識が強い日本人には、出し手企業が雇用を維持したまま、受け手企業にレンタル移籍させ、レンタル料をもらうほうが転職に比べて従業員の安心感、福利厚生、会社間の契約になるなど、多くのメリットが得られます。互いにＤＸされた企業同士で、レンタルの候補となる人材情報登録や、欲しい人材条件などをマッチングします。

例えば、大手企業の社員は、その会社に在籍したままの状態で別会社で働くこともでき、

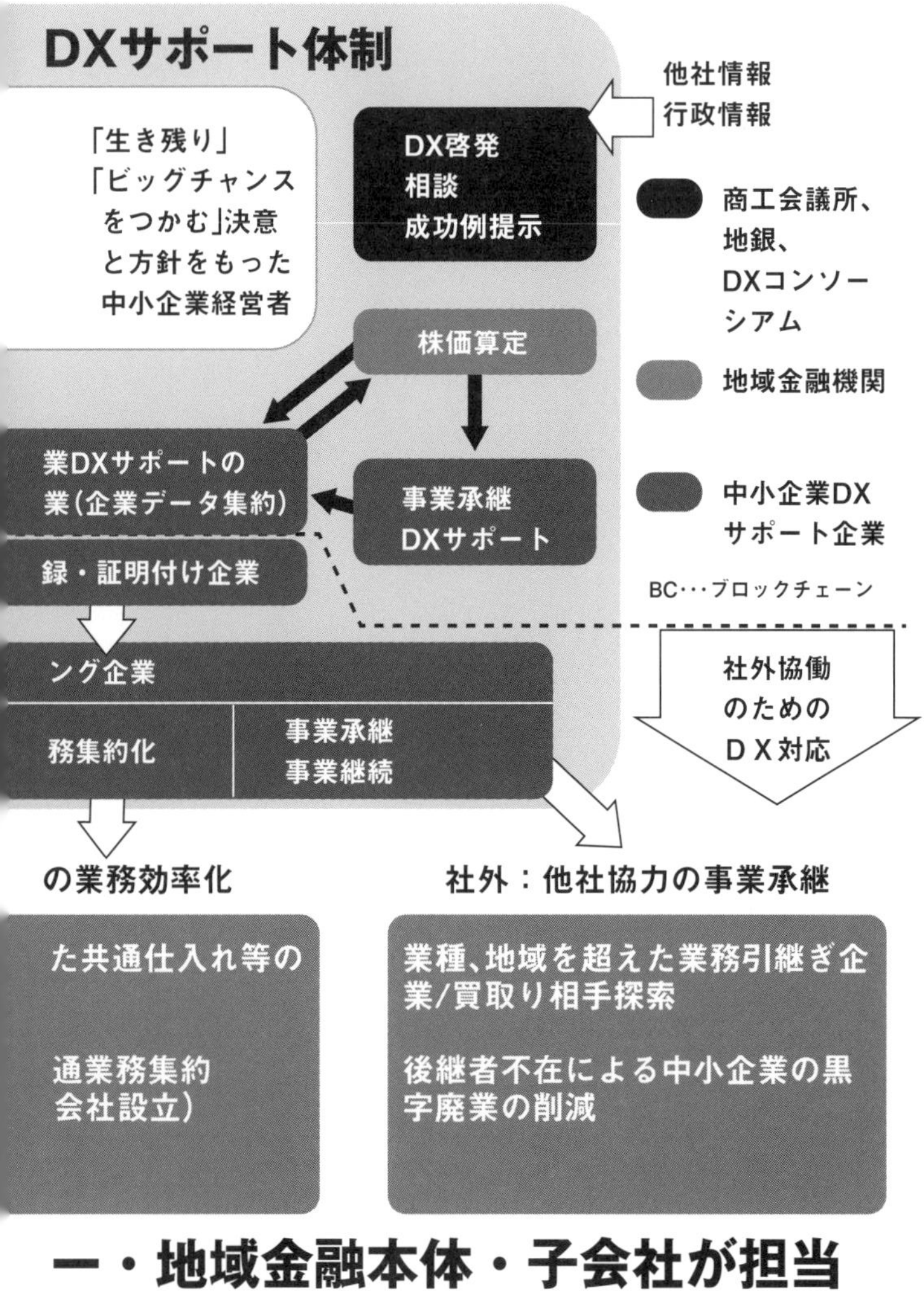
DXサポート体制
他社情報
行政情報
「生き残り」
「ビッグチャンス
をつかむ」決意
と方針をもった
中小企業経営者
DX啓発
相談
成功例提示
商工会議所、
地銀、
DXコンソー
シアム
株価算定
地域金融機関
業DXサポートの
業（企業データ集約）
事業承継
DXサポート
中小企業DX
サポート企業
録・証明付け企業
BC･･･ブロックチェーン
ング企業
務集約化
事業承継
事業継続
社外協働
のための
ＤＸ対応
の業務効率化
社外：他社協力の事業承継
た共通仕入れ等の
通業務集約
会社設立）
業種、地域を超えた業務引継ぎ企業/買取り相手探索
後継者不在による中小企業の黒字廃業の削減
ー・地域金融本体・子会社が担当

想定される中小企業DXサポート体制の一例
（個別企業対応）

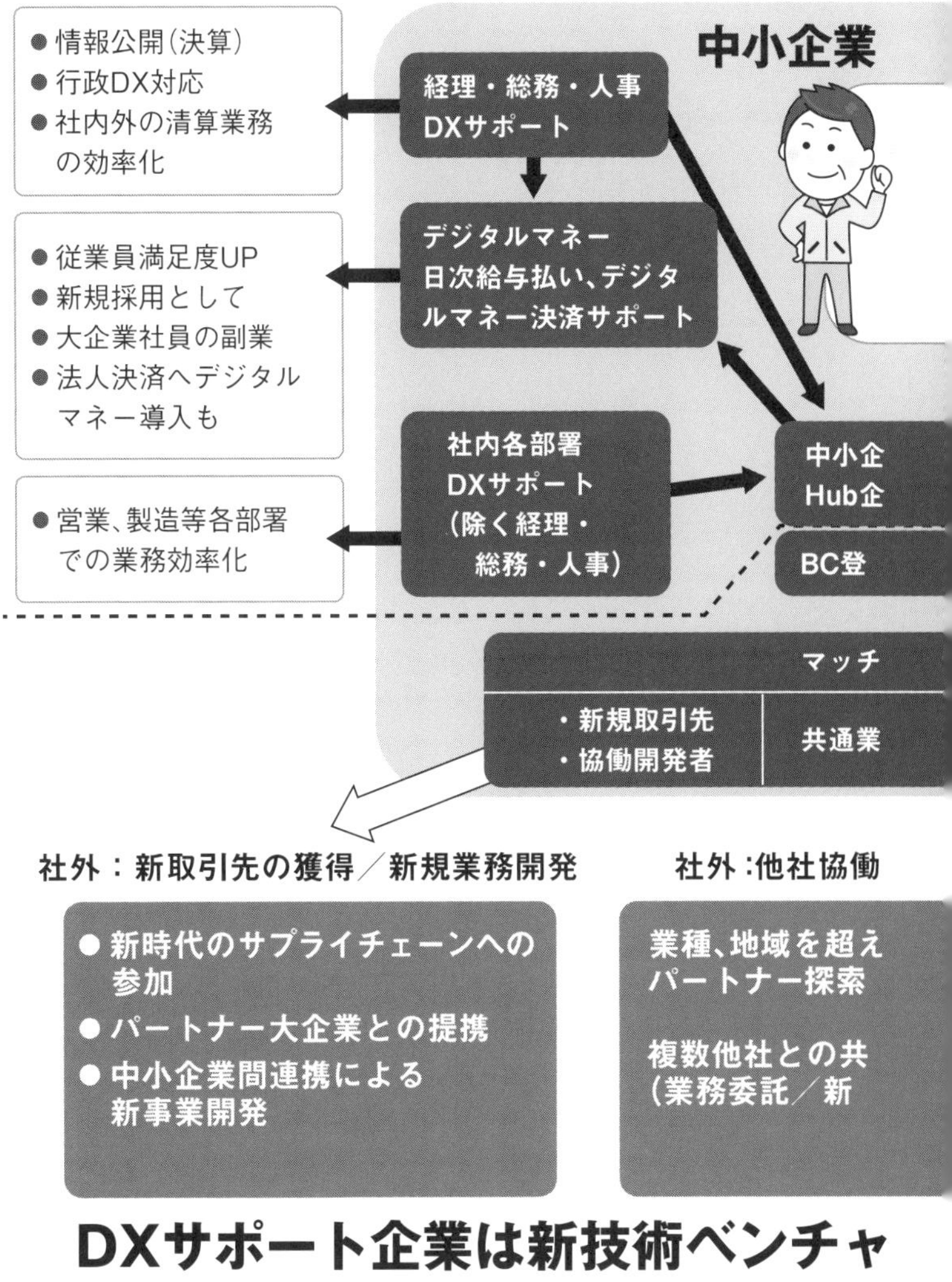

中小企業
● 情報公開（決算）
● 行政DX対応
● 社内外の清算業務の効率化
経理・総務・人事DXサポート
● 従業員満足度UP
● 新規採用として
● 大企業社員の副業
● 法人決済へデジタルマネー導入も
デジタルマネー日次給与払い、デジタルマネー決済サポート
● 営業、製造等各部署での業務効率化
社内各部署DXサポート（除く経理・総務・人事）
中小企
Hub企
BC登
マッチ
・新規取引先
・協働開発者
共通業
社外：新取引先の獲得／新規業務開発
● 新時代のサプライチェーンへの参加
● パートナー大企業との提携
● 中小企業間連携による新事業開発
社外：他社協働
業種、地域を超えパートナー探索
複数他社との共
（業務委託／新
DXサポート企業は新技術ベンチャ

中小企業及び小規模事業者は、大手企業の人材をレンタルで貸してもらえるということもできるのです。

スーパーテレワーク

スーパー企業協業や、通信インフラを整えた個別企業などＤＸ化した企業では、職員は場所を問わずテレワークが可能になります。毎日の出社義務がなくなれば、例えば東京本社の職員が沖縄に自宅を持って働けるようになり、満足度もアップします。また副業が許されれば、中小企業はＤＸにより他企業の職員を労働力として活用できるようになります。

スーパー事業承継

ＤＸによって経営の見える化をすることによって、より正確な企業価値の算定が可能になり、経営を引き受けてくれる経営者や、Ｍ＆Ａによる企業の引受先を見つけることなどが、大きなサプライチェーンでできるようになります。

ＤＸを普及させるために必要な３つの条件

これから日本でＤＸを普及させていくためには３つの条件があります。

１つ目は新体制に参入できるための資格です。どんな企業でも参入できるかというと、それはできません。いい加減な企業や悪質な企業がその中に入ってしまえば大変なことになります。ですから、新体制に参入するための資格を明確にし、その資格を備えた企業だけが、ＤＸという新しい世界でサプライチェーンの中に入っていける仕組みを構築しなければなりません。すなわち、事業の見える化が絶対条件となるのです。

２つ目は第三者認証機関の設立です。第三者が「Ａという企業はこういう会社で間違いありませんよ」と認証できるようにする必要があります。「セキュリティにおいても、こういう資格を持っているので安心ですよ」などと、企業が持っている信頼性を第三者が評価して初めてブロックチェーンに登録できるようにするのです。

そして３つ目はマッチングです。情報登録した中小企業及び小規模事業者に対して、実際にその情報を大企業やパートナー候補企業に紹介して関係づくりをすることが大切です。

これがマッチングです。この関係づくりをきちんとやってくれるサポート企業が必要になります。

こうした3つの条件が整って、中小企業及び小規模事業者のDX化が進むのだろうと私は考えています。


以上、中小企業及び小規模事業者が生産性を上げるために最低限やるべきこととして、DX化について説明しました。DXを活用することによって、中小企業及び小規模事業者には大きな伸びしろを得ることができます。デービッド・アトキンソン氏が言う、「中小企業及び小規模事業者は生産性が低いからなくしてもいい」というのは、まさに暴論です。そんなことをしなくても、中小企業及び小規模事業者は工夫次第で、まだまだ伸びしろがあることに気づいて対応すれば、いくらでもチャンスはあるのです。

そのチャンスをつかむためにも、中小企業及び小規模事業者の方々は、DXの導入を真剣に考える必要があります。

第4章

どれだけ時代が変わっても守るべきは「企業理念とビジョン」

第1章から第3章では、中小企業と小規模事業者が現状で抱えている問題点と、その解決策について述べてきました。時代や環境の変化に応じて、変えなければならないことです。本章からは反対に、どれだけ時代が流れたとしても、企業にとって絶対に変えてはいけないものは何かということについて考えてみたいと思います。

企業理念とビジョン

企業にとって絶対に変えてはいけないもの、それは企業理念とビジョンです。会社や経営者によりいろいろな解釈や位置付けをしていると思いますが、私の解釈では、ビジョンとは、会社が目指すべき究極の目標を言葉に表したものです。理想の会社像とも言えます。企業理念は、そのビジョンを実現していくための会社の在り方を示すものです。この2つは、社是として一体になっている会社、それぞれ別に定めている会社など、会社によって呼び名も形態もさまざまです。

企業理念とビジョンは、空気と水のような関係です。空気だけでも生きていけないし、水だけでも生きていけません。どちらか一方ではダメなのです。

理念がしっかりしていても、ビジョンがなければ成長できませんし、ビジョンがあっても理念がなければ、問題が起こったときに間違った判断をしてしまったり、易《やす》きに流れてしまったりして、長続きしません。

はじめに企業理念について考えたいと思います。まず紹介したいのは、皆さんもご存じの、パナソニック（松下電器産業株式会社）を創業した松下幸之助氏の言葉です。「企業は理念をつくって50％成功である。そして理念を浸透させたならば80％成功である」とおっしゃっています。ちなみにパナソニックの場合、経営理念という名で「綱領」「信条」「私たちの遵奉すべき精神」から構成されています。「綱領」がビジョンに、「信条」「私たちの遵奉すべき精神」が企業理念にあたります。私はパナソニックが大阪の町工場から日本を代表する企業の1社となったのは、この経営理念の力だと思っています。

ところが、ほとんどの企業は大切な企業理念やビジョンをつくっていないのです。もしくはそうしたものをつくったとしても、ただの飾りものになってしまっているところがほとんどです。それは、最初から80％の成功を捨ててしまっているようなもので、どんなに頑張っても、残りの20％分しか成功できないのです。

企業理念やビジョンをつくっていない企業が多いのは、なぜでしょうか。

それは、企業理念やビジョンの大切さに気づいていないからです。とにかく今日、どうやって儲《もう》けるか、売上をどうやってつくるか、ということしか考えていない企業が数多くあります。最近のベンチャー企業を見ても、半分くらいは「企業理念なんて関係ない」と考えているようです。そこに経営のウエイトを置いていないので、最初からつくる気がないのが第1パターンです。

第2のパターンは、実は先代社長の時代に企業理念はつくってあるのだけれども、立派な額縁に入れて飾っている割には、誰もその理念を理解しておらず、立派な理念でもまったく引き継がれていないというものです。

だから多くの企業は儲け方、つまりHow toにばかり目がいくのです。そして、自分たちは「どうあるべきなのか」ということに対する関心は、ほぼゼロです。

ただ、かく言う私も、フォーバルを立ち上げた当初は企業理念もビジョンもつくっていませんでした。つくっていたのは、「心思直言」から始まる行動訓だけです。心思直言とは、心で思ったことは直接言うということです。会社員生活ではなかなか難しいことではあるのですが、フォーバルで働く社員にはこう動いてもらいたいという想いを込めました。ほかにもいくつか働くうえで指針となる言葉を紙にしたためて、朝礼で社員に読ませていたのです。そのとき、当時の副社長から、「大久保さん、この会社には経営理念もビジョンもないじゃないか」と言われたのです。この方はブリヂストンで常務を務められ、ブリヂストン美術館の設立にも関わり、石橋オーナーの右腕とまで言われた人です。

「あなたはたしかに立派なことを言っている。でも、それが社内のどこにも掲げられていない。100年たっても絶対に変わらない会社の方針は何なのですか。あなたが死のうが、何をしようが、社員全員がわかるものをつくる必要があります。だからあなたは今日から、日本一、世界一の経営理念・ビジョンをつくりなさい。これより他に何もないというものを考えるのです。そして、それをきちっと書きものに落とし込みなさい。それができなければ、上場したところですぐにダメになるに決まっています。そんなすぐにダメになるような会社なら、上場なんてする必要はありません」

と言われました。また、こうも言われました。

「大久保さんは売上を上げろって毎日のように言っているけれども、それは社長の仕事ではありません。社長の仕事とは、まず大きな経営理念・ビジョンを掲げて、そこに社員全員が向かっていけるようにすることであり、それが経営者にとって一番大事なことなのです」

正直、この言葉を言われたときは頭にきましたが、私にも意地があったので、あらゆる本を読んで研究しました。そして考えた経営理念・ビジョンを次のような社是として掲げました。

フォーバルグループは社員・家族・顧客・株主・取引先と共に歩み
社会価値創出を通して　それぞれに幸せを分配することを目指す
そのため
創意工夫をこらし絶えず「革新」に挑戦する
顧客に愛される「真心」のサービスを大切にする
社員が安心して力を発揮できる「場」作りに努力する
世界・未来に目を向け「社会が求める真の価値」を追求する

この社是は、100年たっても、200年たっても追求せざるを得ない、どこまで頑張っても答えが出ないように考えられています。

企業は時代が変わっても常に「創意工夫」をし続けなければなりませんし、時代は絶えず変わっていきますから、常に「革新に挑戦」しなければなりません。

「真心のサービス」にしても、「社員が安心して力を発揮できる場づくり」にしても、「社会が求める真の価値」にしても、どれも「これが正解だ！」というものがないのです。

正解がないから、経営陣も管理部門も、技術部門も、営業部門も、常に答えが出ないことを一生懸命に考えて、追求していかなければなりません。経営にとって一番大事なのは継続です。そのためには、経営陣も社員も一丸となり、常に取り組める目標を掲げる必要があります。

私の考えた社是は、私がこの世を去った後も、フォーバルの社員は全員、この答えの出ない目標に向かって努力することになります。私の命は有限ですが、それをつくった創業者の社是は無限・永遠なのです。そして、この社是こそが会社に対する社員の求心力を高めてくれるのです。

企業理念をしっかり浸透させた企業は、それだけで80％成功なのだとすれば、それはすごいことです。しかし、松下幸之助氏の言葉は本当なのでしょうか。それをこれから説明していきたいと思っています。

理念をつくることは皆さんにもできると思います。しかし、つくった理念を浸透させることがいかに大切で難しいかについて、考えたことがあるでしょうか。理念を浸透させるには、社員に言い聞かせればいいだろうと思っているかもしれませんが、果たしてそうでしょうか。

理念の浸透の「浸透」の意味を理解していただくために、これから2つの企業を紹介したいと思います。

感動のサービスを提供する──リッツ・カールトン・ホテル

まず、リッツ・カールトン・ホテルです。

リッツ・カールトン・ホテルを創業する際に、創業者の3人は自分たちがつくりたいホテルの姿について、ヒルトンホテルのような世界一の巨大チェーンのホテルを目指したいのか、それとも違う形の世界一のホテルを目指すのかについていろいろと話し合ったそうです。その結果、リッツ・カールトン・ホテルは、ホテルの数で世界一になるのではなく、お客様に世界最高のサービスを提供することを目指そうと決まったのです。世界最高のサービスとはすなわち、お客様に感動のサービスを提供しようということです。

リッツ・カールトン・ホテルは現在、世界に90カ所以上のホテルを展開しています。なかでも大阪のリッツ・カールトン・ホテルは10年以上、日本でもっともサービスの良いホテルとして実績を誇っています。

では、リッツ・カールトン・大阪ではどのようなサービスを行っていて、感動のサービスの提供とはどのようなことなのか。これから6つの事例を挙げて、説明していきたいと思います。

1．ドアマン

ホテルに到着して、私が乗っている車を降りた瞬間に、ドアマンが「大久保様、いらっしゃいませ」と言ってくれます。

これには皆、驚くと思いますし、車が着いた瞬間に自分の名前を呼んでもらえたら感動します。このホテルのドアマンは顧客の車情報を登録し、1人あたり500台の顧客情報を把握しているそうです。ドアマンがそれぞれノートを持っていて、予約サービス係とドアマンとの連携で、その日宿泊するお客様の情報を把握しています。到着時の車のナンバーで、どのお客様がいらっしゃったのかが、すぐにわかるようになっているのです。

2．客室係

通常は、客室の備品を置く位置が決まっています。客室に置いてある目覚まし時計がベッドの左側と決まっていたとしても、宿泊中、お客様が右側に置き換えていることに部屋係が気づき、それがお客様にとって見やすい位置ならば、そのデータをお客様情報に登録することで、いつどこにあるリッツ・カールトン・ホテルに泊まっても、そのお客様の目覚まし時計の位置は右側にするそうです。

3．コンシェルジュ

宿泊の際、もしお客様がジャズのCDを貸してほしいと頼めば、ジャズ好きであるという情報が登録され、次回以降の宿泊の際には、さりげなくブルーノートの本やCDが客室に置かれています。

4. メンテナンス係

日本人に比べて欧米人はエアコンの温度を低めに設定するケースが多いので、チェックイン前にメンテナンス係は空調を普段よりも1度か2度低めに設定して、好みに合わせるそうです。

5. 清掃係

全員がガムテープを持ち、ホテル内で髪の毛など細かいホコリやごみが落ちていたときに、すぐにガムテープで取り除けるようにし、ホテル内を綺麗《きれい》な状態に保っています。

6. レストラン

常連になり予約を入れるとネーム入りのナプキンが用意され、テーブルの上に置かれているそうです。また、お客様の会話の中で「おじいちゃん、おめでとう」という会話が聞こえた場合、スタッフがさりげなく何のお祝いの場なのかを観察し、誕生日ならばプレゼントやケーキをサービスでお持ちするそうです。

これらはすべてリッツ・カールトン・ホテルが目指す感動のサービスです。世界最高のサービスを目指すということは、言葉だけではなく、実践の場において生きてくるのです。理念を実践できなければ、理念が浸透したとはいえません。

このように理念を現場で生かすため、各セクションが全員で「お客様にとって最高のサービスとは何か」を常に考え、共有しているのです。

またリッツ・カールトン・ホテルはお客様にとっての第二の家庭でありたいと考え、家族のように親密に接するために、お客様を「お客様」ではなく、例えば「大久保様」のように個人名で呼んでいます。

加えてお客様ごとの好みに合わせるため、パーソナルサービスと呼ばれるサービスを行っています。例えばホテルのレストランで、お客様がどんなお酒を飲んだか、どんな食材が好きか、何をおかわりして何を残したかという情報までデータを残し、次回の宿泊の際に役立てています。

「こんなことも覚えてくれていたの？」と、お客様に驚き喜んでいただくこと、それが感動のサービスということなのです。

一般的に言われるようなサービスとはまったく概念が違います。言われたからやるサービスではなく、リッツ・カールトン・ホテルではお客様のニーズを先読みし、お願いされたり、尋ねられたりする前に行うことが大切だと考えているのです。

またクレームについても、すべてのデータをスタッフ同士で共有しています。「こんなことがあった、あんなことがあった」ということを、社員食堂の壁に貼るなど見える化しているのです。

こうして初めて感動のサービスが生まれるのです。これこそが、理念の浸透ができている証《あかし》だと言ってもいいでしょう。

どうやって理念を浸透させたのか

リッツ・カールトン・ホテルには「クレド」という基本的な信念があります。その「クレド」の内容について具体的に取り組むための20の項目（リッツ・カールトン・ベーシック20）があります。

ラインナップという毎日の朝礼の中で、本部から世界各国のホテルに対して、20あるベーシックの中から「今日のベーシック」という指示を出すそうです。そして、全員でベーシックに書かれている内容についてディスカッションを行うのです。

このように理念の共有とは繰り返し話し、そのことが現場で生きて初めて浸透したといえるのです。

そしてリッツ・カールトン・ホテルでは、理念が浸透しているかどうかを調べるために、部屋の抜き打ちチェックもしているそうです。

松下幸之助氏がおっしゃっているように、理念が浸透したら8割成功だということは、こういうことなのです。

「世界最高のサービスを目指す」という言葉だけを100回唱えるだけでは、理念の浸透とは言えません。ベーシックを使って世界各国でサービスについての考え方を共有し、毎日各職場で実践し、チェックすることによって世界一のホテルができ上がったのです。

このことからも、理念浸透の本当の意味をおわかりいただけたかと思います。

また、リッツ・カールトン・ホテルは社員が転職をする場合に、推薦状を書いてくれるそうです。

例えば、Aという社員が別のホテルに引き抜かれた場合、「A君は引き抜きに値するとても優秀な社員です」と、リッツ・カールトン・ホテルは推薦状を書きます。

しかし、新しいホテルでA君が働き始め、今までリッツ・カールトン・ホテルで行っていたようなサービスを行ったら、新しいホテルの上司から「勝手なことをするな」と注意されたそうです。そこで改めてリッツ・カールトン・ホテルの素晴らしさを実感し、またリッツ・カールトン・ホテルに戻ってきたそうです。

外資系企業のホテルは引き抜きが大変多いそうです。それにもかかわらず、リッツ・カールトン・ホテルは推薦状まで書いて他のホテルへの転職の後押しができるのは、社員が企業の価値を理解し、収入の問題ではなく、このホテルのサービスの本質を理解しているという自信があるからこそだと思います。これは、すべての企業が参考にすべき点です。

すべては人なり――パブリックス

アメリカで創業したパブリックスという、スーパーマーケットをご存じでしょうか。フロリダ州を中心に、ジョージア州、アラバマ州、サウスカロライナ州など東海岸南部の7つの州で1200店舗余りを展開しています。

このスーパーマーケットは、2018年の売上高で約3兆6094億円、粗利益は9782億円、純利益は2381億円という業績を誇っており、従業員は20万2000人です。

創業者であるMr.ジョージは大学を卒業していません。20歳前後からいろいろな仕事をした後、1軒の小さなスーパーマーケットを創業しました。その創業時から彼は、「スーパーマーケットはお客様にとって楽しい場所でなくてはいけない」というポリシーを持っていました。

当時は、普通のスーパーマーケットに自動ドアがなかったのですが、両手に買い物カゴを持っているお客様や、赤ちゃんを抱いて荷物を持つお母さんがドアを開けるのに苦労をしている姿を見て、不便さを解消するために多額の借金をして自動ドアを設置しました。お客様は手を使わなくても自動で開閉するドアを見て、大変感動したそうです。

また、他のスーパーマーケットにはエアコンが入ってない時代に、店内でお客様に快適に過ごしてもらうために全店舗にエアコンを設置しました。

このような取り組みによってパブリックスは、お客様にとって大変楽しい場所に変わったのです。

彼が目指したのは、「より良い店をつくりたい」ということでした。単に食品を買いに来るだけではなく、楽しんでもらうことを目的にしたのです。自動ドアやエアコンを設置することにより、お客様が快適に買い物ができる環境を提供した結果、売上がどんどん伸び、楽しさの提供こそが最大の武器だということを確信しました。

「買い物が楽しい場所」をモットーとして、従業員の休憩室にもそのモットーを掲げました。パブリックスが良いお店になるかどうかは、そこで働く従業員にかかっているというメッセージを投げかけたわけです。

お客様に喜んでもらうための鍵となるのは従業員です。その従業員が成功することがパブリックスの成功につながると考え、彼らが成功できる環境を整えるために経営幹部が努力して運営することを掲げたのです。

具体的に、どのように運営したのでしょうか。

買い物することが楽しい場所にするためには接客、高度な状況判断、内装、品質、品揃え、値段、売り場の清潔感、駐車場の停めやすさなど、ありとあらゆる要素が影響してきます。

出発点は人を最優先に考えることです。人とは従業員、顧客、取引先、地域社会、従業員の家族というように、幅広い意味を持っています。パブリックスはその中でも、従業員の満足度を最優先にしました。なぜなら、彼らがお客様を接客するからです。お客様を満足させるためには、従業員を満足させて、心から一生懸命仕事をしてもらうのが最良の方法だと考えたのです。

企業が成功するためには、従業員の力が必要不可欠です。従業員を大切にすれば、彼らがお客様を大事にしてくれると考えたわけです。

パブリックスの従業員が、そこで働くことについていかに満足しているか、いくつかのエピソードがあるので紹介しましょう。

〈エピソード1〉

パブリックスの自社雇用のトラック運転手の話です。トラック運転手の運転中における快適度を高めるため、全トラックにエアコンを完備し、人間工学に基づいたシートを設置しました。そのためパブリックスは事故率が低いといわれています。運転手は、パブリックスが自分たちを大事にしてくれるという誇りを持っており、労働条件が良いため団体交渉する必要もなく、労働組合にも入っていないそうです。

〈エピソード2〉

Mr.ジョージが店内を歩いているとき、ジャムが床に落ち、瓶が割れて中身が彼の靴やズボンに飛び散ったことがありました。そのとき、彼は従業員を叱るのではなく、顔色一つ変えずに自ら片付けたそうです。問題が起こった際には、従業員の非を責めるのではなく、まず率先して自らが対応することの大切さを教えることで、大勢の従業員から愛されたのです。

〈エピソード3〉

3代目の社長は、従業員数が数万人もいるにもかかわらず、社内報で紹介された全従業員に対してお祝いやお悔やみのメッセージを、時間を惜しまず手書きで送り続けました。

この取り組みは、その後の経営者にも受け継がれているそうです。

〈エピソード4〉

Mr.ジョージはパブリックスの従業員だけではなく、取引先にも最大の敬意を払っていました。仕入先のセールスマンに対して、まるで自分の家を訪問してきたゲストのように接していたそうです。

また、取引先用の駐車スペースを十分に確保し、いつも駐車しやすいようにしたり、商談室の前には無料でオレンジジュースが飲めるようジュースサーバーを設置したりしました。そして、毎年彼らを招待してバーベキューパーティまで開催していたのです。

企業哲学の伝道

「すべては人なり」という言葉で表しているように、パブリックスに関わるすべての人々に対する思いやりと公正な態度に基づいて事業が成り立っていると、Mr.ジョージは言っています。企業哲学の原理原則を浸透させることにエネルギーを注いだのです。

そして、その企業哲学の伝道方法は、ハンズオンだと彼は言っています。ハンズオンとは、自らやってみせてトレーニングする方法です。

店を回り、一緒に仕事をし、やり方をみせて、従業員が自ら自発的に学んでいくように仕向けていったのです。

一例を挙げると、店内でへこんだ缶詰がそのまま売られていたとき、従業員に注意するのではなく、彼はカートにすべて入れ、値引きなしで買い取りをしました。

彼の狙《ねら》いは、お客様に喜んでもらうためには、へこんだ缶詰のような不良品を売っていいのかどうかという基本中の基本を従業員に理解させることでした。そうして理念に沿った仕事の仕方を心に刻ませて、自分の意思でお客様に喜んでもらえることを実行できるように仕向けることでした。

彼は、将来の計画を全社の従業員に知らせるためにも、このハンズオンを利用しています。そのために彼が続けてきたことは、自社の店内を巡回すること、従業員の誰かが会いたいときはいつでも会うことでした。オープンドアポリシーということで、会長室のドアはいつも開けっ放しにしておいたそうです。

このように自ら率先して行動することで従業員に企業哲学を学ばせたことによって、従業員たちは自分で判断するとき、「Mr.ジョージならどう行動するだろうか」と考える習慣が身についているそうです。そして、彼の顔写真をいたるところにかけて、常に皆が意識するようにしているのです。

社内報で伝えられた言葉の中で特に有名なのは、「パブリックスが少しでも良くなるか否か。それはあなたにかかっている」というフレーズだそうです。

彼は、企業がどれだけ大きな組織になろうとも、従業員一人ひとりが重要な存在であることを伝え続けました。

創業者は、企業文化の創造者であると同時に、企業哲学の最初の伝道者であるべきです。そして企業が大きくなる過程で、自分が理想とする事業の存り方を示し続け、同じ理想を持つ社員を増やし続けることが成功につながるのです。

Mr.ジョージは従業員が一番大切であり、その従業員に関わるすべての人が大切であることを実践しようとして、ハンズオンという手段を使い、すべて自らの行動で示していきました。先に述べたリッツ・カールトン・ホテルと同様、理念の浸透は言葉にするだけでなく、現場で実行して初めて浸透していくということの好例だと思います。

パブリックスでは、経営陣と従業員の信頼関係を構築するために6つの仕組みがあります。

1. 家族的雰囲気づくり

パブリックスは家族的な雰囲気を保った大企業として知られています。新店オープン前夜、役員やスーパーバイザーたちがお金を出し合い、新店で働く従業員とその家族を招いて夕食会を開催するそうです。会社単位ではなくて、店単位のイベントをさらに活発にしていこうと、家族や友人を呼んでのバーベキュー大会を昼休みに開催したり、カーニバルを開催したりするそうです。

このように社員が本心から楽しいと感じ、関係者が交流できる場づくりを実践することが家族主義の実例ではないかと思います。

2. オープンドアポリシー

CEOを含むあらゆる管理職と直接面接することが、全従業員に保障されています。面談以外にも24時間のフリーダイヤルを設けたり、Eメールで従業員からの提案やアイデア、不満を受け付けたりしています。また、普段から明るい雰囲気が生まれるように、カジュアルウェアで仕事をしたり、アイデアに褒賞を与えたりもしています。

その姿勢は顧客に向けても同様です。お客様の意見や要望に常に門戸を開いているため、現場で起こっている悪いこと、良いことを迅速にキャッチすることができ、さらなるサービス向上に役立てているのです。

繰り返しになりますが、パブリックスという会社には20万2000人の従業員がいます。社長から手書きのメッセージが届いたり、望めばいつでも面接ができたりするのは、口で言うのは簡単でも、実践するのはとても難しいことです。

3．低い役職意識

パブリックスでは、従業員のことを「アソシエイツ」と呼んでいます。それは、真に仲間と思い、等しく重要な人物だと思っているからです。

新店を出店するときは、Mr.ジョージが率先して開店の手伝いに出かけたそうです。そこで彼がすることは買い物の袋詰めでした。レジでお客様の買ったものを袋に詰め、「ありがとうございました」と伝えることこそが、オーナーの仕事だと本気で考えていたのです。

4．穏やかな組織づくり

20万人を超える企業であるにもかかわらず、パブリックスには組織図がありません。

これは、セクショナリズムをなくすためです。先ほどの床に落ちて飛び散ったジャムを例に挙げると、同業他社では普通、清掃はメンテナンス担当の仕事です。他の担当者はどんなに手が空いていても、モップをかけたりはしません。

一方、パブリックスでは担当ではなくても、気づいた人が清掃をします。レジに行列ができれば、副店長であってもレジに入ります。パブリックスの従業員の職務は、「お客様を喜ばせること」なので、これは当然のことなのです。そこにセクショナリズムは不要であり、組織でさえも必要ないのです。

5．優しい無関心の方針

パブリックスは仕事の権限を従業員に渡し、命令されて仕事をするのではなく、自己管理で仕事ができるよう、従業員のことを信じて仕事を100％任せています。任された仕事は「自分の仕事」だと従業員が考えるようにするため、あえて命令から自己管理へという方針を取っているそうです。

成功させる道だと考えているのです。

6．並外れた寛容さ

従業員は失敗する権利も持っています。失敗は社員が学ぶ一番の方法、失敗こそ人間を成功させる道だと考えているのです。

理念の共有

パブリックスでは、人材を育てるために大事にしていることがあります。従業員を大切にすれば彼らがお客様を大事にしてくれる、ということです。パブリックスの人材教育でもっとも重視しているのは、成功したいという願望、会社に対する忠誠心、目標をともにする仲間との連帯感の気持ちです。パブリックスは、技術や能力よりも志や忠誠心に重きを置いているのです。

Mr.ジョージは、商売で卓越するためには徹底的な現場での実地訓練が必要であると考えており、それは自分の息子であっても例外ではありませんでした。

彼は息子が入社するときに、こう言ったそうです。

「お前に一生の仕事を保障するのではない。その機会を与えただけだ」

現在、パブリックスでは、年間5万人を新規採用しています。離職率は最初の90日で45%、6か月で50%になりますが、それを過ぎると事実上、退職する人はほとんどいなくなるそうです。

すなわち、1年間に5万人を採用し、半分の2万5000人ずつが増えていく計算になります。

そして今は20万人の社員がいるのですから、パブリックスという会社はおそろしい成長を遂げている企業だと言わざるを得ません。

しかし、このような巨大な組織になったとしても、役員全員が一社員からの登用であるということは大きなポイントです。

外部の社員を引き抜いて幹部にしないというポリシーを徹底しているのは、社員全員にパブリックスは自分たちの会社であるということを意識させ、誰にでも昇進のチャンスがあると思わせるためです。これこそが人材を育てるための方法の1つではないかと私は思います。

アメリカの企業にもかかわらずレイオフも一切なく、これだけ大きな企業になっても上場もせずに運営できているということは、この会社が1つの大きな哲学や理念を共有しているからこそなのではないでしょうか。

以上、２つの事例から、理念の浸透とは、実践を通して初めて現場で生きるということについて理解をし、皆さんの会社がどこまで理念が浸透しているか、すなわちどこまで現場で生かされているかということを考えていただきたいと思います。

企業理念の浸透こそが経営の一丁目一番地なのです。それなくして企業の発展はない、ということを申し上げたいと思います。

なぜ、ビジョンが必要なのか

ここまでは企業理念を中心にお話ししてきましたが、本章の冒頭に申し上げたとおり、企業理念と同時にビジョンを持つことが大切です。

企業理念は目標に向かううえでの会社の在り方の問題であり、ビジョンは将来の目標です。会社の在り方と目標の２つがあって事業が成り立つのであり、現在の経営者が亡くなった後でも、会社が進むべき道を示すため、１００年先のビジョンをつくるべきです。

そして、そのビジョンを長期戦略、中期戦略、短期戦略に分けて戦略を立てていきます。ビジョンと理念を達成するために戦略があると理解してください。その戦略がしっかりしていなければ企業は成長しません。

「あなたの会社は10年後どうなっていますか」と、よく私は講演先で経営者の方に聞きます。

すると、「10年先ですか？　2年先、3年先のことはともかく、10年先はわからないですね」という答えが返ってきます。

次にその会社の社員に、「あなたはここの会社に来年もいますか？」と聞くと、ほとんどの社員が「来年もいます」と答えます。

「3年後もいますか？」についても「います」。しかし、「10年後はいますか？」と聞くと、「………」と、ほとんどの社員は返答に詰まってしまうのです。

これは当たり前だと思います。その会社の経営者が10年後どうなっているかわからないのに、社員に10年後がわかるはずがありません。これでは社員が不安に駆られます。なぜなら自分の10年後の生活をイメージできないからです。

経営者が「うちの会社は10年後、こうなるんだ！」ということをはっきり示すことによってのみ、会社の方針とともに社員も自分の生活の方針を持つことができるのです。すなわち、会社の将来が見えなければ社員の将来も見えないわけです。

社長が今日の仕事だけを一生懸命やっている会社は、社員も今日の仕事だけしかやっておらず、だから将来のことがわからないということになります。こういった経営をしている中小企業及び小規模事業者は多いのではないでしょうか。

通常、会社の今の姿とビジョンの間には大きなギャップが生じます。そのギャップを埋めるのが経営であり、そのために「誰が」、「いつ」、「どのように」、「何をすればいいか」ということを考えるのが経営者の仕事です。

このギャップを埋める努力こそが、企業を成長させる要因であるわけです。しかし、ビジョン（個人の方であれば「志」と表現したほうがイメージしやすいかもしれません）がいい加減だと、壁にぶつかったとき、すぐ諦めてしまいます。

例えば、1メートルの壁は全員が越えられたとしても、2メートルの壁を越えろと言われたら、普通の人は諦めてしまいます。

しかしビジョンが明確であれば、なんとか乗り越えるために跳び箱のジャンプ台を使って飛び越えるかもしれません。

もし10メートルの壁がそびえ立ったならば、やはり普通の人は諦めてしまうでしょう。でもビジョンがしっかりしていれば、なんとか乗り越えなくてはと考え、はしごをつくって乗り越えるかもしれません。

けれども50メートルの壁が立ちはだかれば、大半の人は諦めるでしょう。しかし強固なビジョンがあれば、なんとか乗り越えようとして、リフトという解決策を見つけ出すはずです。

このようにビジョンがしっかりしていれば、どのような困難も絶対乗り越えられるという強い信念で突き進めるのです。ところがビジョンがいい加減な人は、すぐ諦めてしまいます。

「成功するまで諦めない」と、京セラ創業者の稲盛和夫氏がおっしゃるように、成功者と失敗した人の違いは、たった1つ。諦めるか諦めないかの違いなのです。

すぐに諦める人が成功した例《ため》しはありません。成功する人は、どんなことがあってもネバーギブアップ、諦めないという一点が成功するための共通ポイントだということを理解しています。そのためにはビジョンが絶対必要なのです。

かの有名な発明王エジソンが失敗について何と言ったかご存じでしょうか。

「もうやめよう」ではなく、「私は失敗したことはない。1万回のうまくいかない方法を見つけたのだ」と言ったのです。やはり成功者は諦めないのです。

ぜひ、しっかりした理念のもとに100年ビジョンをつくり、自分が亡くなった後の会社の方向性を明確化してください。

それをもとに30年後、10年後のビジョンをつくり、そこから長期経営計画、中期経営計画、短期経営計画を立てることが必要です。

そして、KGI（Key Goal Indicator：重要目標達成指標）という1つのゴールを設定し、KPI（Key Performance Indicators：重要業績評価指標）という、目標の中間地点におけるチェックを全員でしっかり行うようにしてください。これを行わない限り、どんな企業でも成長できません。KPIの設定がいい加減な企業は、どれだけ立派なビジョンを掲げても成功できないでしょう。ビジョンを掲げたならば、それに対するKGI、KPIを設定し、そのKPIに対して全員で取り組むことが必要なのです。

そのために行ってほしいのは、PDCAです。よく使われるPDCAではなく、最後にA（アチーブメント）を足したPDCAAです。PDCAを最後までやりきるだけでは不十分であり、やった成果を評価すること、そのうえで課題が見つかれば達成できるまでPDCAを回していくこと。このしつこさが成功の鍵となるということです。そこを忘れずに徹底できるよう、私はいつも最後にAをもう1つ追加しているのです。

例えば失敗した例があれば、どうして失敗したのかを全員で共有します。すると、そのやり方では失敗することが理解できるので、次回にその失敗の経験を生かせるのです。

また成功できた要因を全員が共有するという、PDCAにプラスしたAで成果を検証することによって、経営が成功していく可能性が一段と強くなります。

いかに時代が変わろうとも、またどのような業種であろうとも、会社が大切にすべき在り方、企業理念をつくり浸透させ、同時に会社が進むべき目標、ビジョンをつくることがもっとも重要であるということを、理解してください。

そのうえで長期・中期・短期の計画を立て、そのKGI、KPIを設定してチェックすることそしてPDCAAのAを意識するまで続けることを心がければ、企業は根本的にぶれることはなく、継続も十分可能であると思います。

企業を永続させていくためには、この幹の部分がしっかりしていなければなりません。そのうえで人手不足、生産性向上、事業承継といった今の時代に起きている問題、時代時代の変化に対応していく必要があります。

しかし、それらはその時代における環境変化の適応の話であって、もっともぶれてはいけない幹の部分は、まさしく企業理念とビジョンなのです。

100年ビジョンの大切さについてお話ししてきましたが、この章の最後に1つエピソードをご紹介します。

皆さんもご存じのディズニーランドがオープンしたとき、役員がその素晴らしさに感激したそうです。

そのとき、役員の1人が、「このディズニーランドを亡きウォルトに見せてあげたい」と言いました。すると別の役員が、「何を言っているんだ、とっくに見ているじゃないか。ウォルトがしっかりとしたビジョンを描いて、見せてくれたから、自分たちはそれを形にしただけなんだ。だから、これを見なくても彼はわかっていたんだ」と言ったそうです。

このように、その人が亡くなった後も継承され、誰かがいつか実現することが、ビジョンなのです。ウォルトがディズニーランドをこのように描きたいということを構想し、役員たちに話し、その姿を見せたことで、役員たちが着実に実行し、そしてディズニーランドができ上がったのです。ビジョンがしっかりしているからこそ、幹の部分があるからこそ、何があってもぶれることなく、皆がその方向に向かって進んでいけるのです。

100年後、30年後、10年後の姿を明確に描くことで、初代経営者が亡くなった後もそのビジョンを継続すれば、後に残された社員もぶれることなく未来に向かうことができるのです。How to be（どうあるべきか）の在り方がいかに大切かおわかりになるでしょう。

そして、そのうえでHow to do（どうやるか）というそれぞれのやり方や時代の変化に応じて、最良の作戦を練っていくことが経営の妙ではないかと私は思っています。

ぜひウォルトのような、しっかりとしたビジョンを描いていただきたいと思います。

第5章

企業はどうあるべきか
企業家はどう生きるべきか

企業の在り方とは

前章では、どれだけ時代が変わろうとも、あるいはいかなる業種であろうとも、企業として変えてはいけないもの、つまり企業理念とビジョンの大切さについて述べてきました。本章では、さらに根本的なテーマとして、企業はどうあるべきか、企業家はどう生きるべきかについいて、説明したいと思います。

皆さんは、企業とは利益を稼ぐことが目的だと考えていると思いますが、本当にそれで良いのでしょうか。

私は、昨今の社会的問題はすべて企業が利益を目的にしていることに原因があると思っています。利益を出すためにリストラしたり、違法な労働をさせたり、商品をごまかしたり、手段を選ばずに利益を出そうとしていることが、いろいろな不祥事の原因になっているのではないでしょうか。

企業は本来、人々の生活や社会の問題を解決するために存在しているものであり、そのうえで事業に独自性があるかどうかを考え、最後に経営を継続するために経済性を検討するという順番が正しいと考えております。

私は企業の目的の1つは、永続することだと思っています。そのためには当然、利益が必要です。利益とは、あくまでも企業を存続させるための手段であるということです。

企業は永続が大事だと言いましたが、企業は雇用や納税という面では国に貢献しているのですから、国を支えるという意味でも大切な存在です。

例えば法人税、源泉所得税、住民税など税金は、企業という存在があるから生まれるのであって、その税金によって国民に公共サービスが提供されるのです。国を支える源泉が税金であり、そして税金を生み出す元が企業です。

同時に企業は社員を雇用し、給料を払います。社員が安心して働けるからこそ、「家を買おう」、「車を買おう」、「旅行に行こう」となり、経済を回していけるのです。

社員がもし安心して働けなければ、せっかくもらった給料を貯金して支出を抑えようとしますから、経済は回らなくなります。

したがって、社員が安心して働くことのできる環境を整えることも企業経営にとって大事な使命の1つです。すなわち企業とは、国を支える税金の源泉であり、同時に経済を回すという2つの立派なエンジンなのです。

その立派なエンジンだからこそ、昔から企業のことを公器というのではないでしょうか。

そして、その公器である企業のトップは公人なのです。

ところが一般の企業経営者を見ていると、自分の会社は公器であり、自分は公人であるという認識をどれくらい持っているのか疑問に感じることがあります。平気で会社をつぶしたり、事業承継をせずに会社を自己清算したり、私利私欲に走ったりするのは、公人としてあるべき姿ではありません。ぜひ多くの経営者には、公器である会社を運営している公人であるという認識を持っていただきたいと思います。企業は絶対につぶしてはならないのです。

ナンバー2の必要性

永続するためにはどうすればいいのかについては、前章で申し上げたように立派な企業理念やビジョンを持ち、社内に浸透させなければなりません。

それとともに、ナンバー2の必要性についても真剣に考えておく必要があります。

経営者も人間である以上、いつ何時、事故や病気になって経営できなくなるかわかりません。そのときにナンバー2がいなければ、企業継続は危うくなってしまいます。ナンバー2を育てておくことも、公人としての責任です。

そのうえでナンバー2になる人物は、人格者でなければなりません。人間は何を言われたかよりも、誰に言われたかということが大事になるものです。営業成績は断トツだったとしても、人間的に問題がある人であれば、どんなに立派なことを言ったとしても、「あんな人に言われても承服できない」と周りは考えます。さらに営業成績などは普通でも、立派な人格者であれば、「あの人に言われたらやらなければ」と思います。

このように理念とビジョンをきちんとつくった後、それを自分に成り代わってできるような人間、すなわち徳のある人物をナンバー2にすることが、経営を永続させるために求められるのです。

ナンバー2の育て方は、常に一緒に過ごすことに尽きると思います。かけた時間に比例します。

商談のときも、接待のときも、そしてクレーム処理のときも、常に一緒にいるようにするのです。それを1年も2年もひたすら続けます。「これをやってはいけない」、「あれはこう対応するべきだ」などということは、一言も言いません。常に傍らにいさせて、自分がこういうときにどう行動するのかということを見せ続けるのです。

そうしているうちに、不思議なもので徐々に考え方、行動の仕方が移っていきます。

私は学生の頃、剣道、柔道、空手を習っていました。これらの武道には共通点があって、稽古をつけてもらうとき、「見取り稽古」といって見て学ぶことがあるのです。それとまったく同じです。

私がナンバー2を育てたときに経験しましたが、正直なところを言うと、これは結構しんどいです。出張で新幹線に乗るときも、車で移動するときも常に隣にいます。出張先で議論を始めたときも、どちらかの部屋でずっと議論をしているうちに朝が来ました。サンフランシスコへ出張したときは、飛行機が離陸したところから仕事の話を始め、ふと気が付いたら着陸していました。11時間、ずっと議論し続けていたのです。

そのくらいナンバー2を育てるときは時間をかけるのです。そこまでやれば、誰でもナンバー2をつくることができます。

もっとも大切なのは心の教育

またナンバー2に限らず、社内に徳のある人物をたくさん育てることも、公人としての役割です。

なぜかというと、企業文化の根源は企業理念であり、哲学、ビジョンだからです。

本当に継承していかなくてはならないものは、先達の経営者がつくった理念、哲学、精神です。したがってもっとも大切なのは、社員の心の教育なのです。経営者にとって、企業の永続にとって、もっとも大切なものは、「在り方」なのです。

経営における How to 論の中で、How to do（どうやるか）を教育している企業はたくさんあります。ところが How to be（どうあるべきか）という「べき論」を教育している企業は非常に少ないと思います。

私が経営のお手本とした日本を代表する企業、例えば松下電器や京セラなどは、How to be（どうあるべきか）をきちんと教育している企業です。これは時代が変わっても大変重要な取り組みだと思います。これからの時代を歩むには、しっかりとした「企業の在り方」を理解した企業、それを理解した社員がたくさんいる企業をつくることが必要であり、これこそ私は王道だと思っております。

そのうえでHow to doを学べば有効ですが、How to beなくしてHow to doはありません。

前章のパブリックスやリッツ・カールトン・ホテルもHow to beすなわち、どうあるべきかということをもっとも重要視しています。トップが率先して、手を替え品を替え実行していくことで、企業理念や哲学、我が社の社員はどうあるべきかということが浸透していくのです。ぜひ、そのことを理解して、How to doではなく、How to beに対しても う一度目を向けていただきたいと思います。

人を幸せにした企業が成功する

企業はどうすれば成功するかということに関しても、パブリックスやリッツ・カールトン・ホテルの話でわかるとおり、私は人を幸せにした人が幸せになる、すなわち人を幸せにした企業が成功するのだと思います。

リッツ・カールトン・ホテルは、「お客様に感動を与え幸せになってもらいたい」という気持ちでスタッフ全員が取り組んだ結果、多くのお客様が「リッツ・カールトン・ホテルに泊まりたい」、「リッツ・カールトン・ホテルで食事をしたい」と考えるようになったのです。

パブリックスもお客様、従業員、取引先について真剣に考えたからこそ、みんなが幸せになり、パブリックスを応援しようというようになったのです。

そこに関係する人々が本当に幸せにならなければ、企業は続きません。企業はお客様から「ありがとう」、社員から「ありがとう」と、みんなが幸せになる顔を見て幸せになるものなのです。そのために自分たちのサービスや商品を通して社会に貢献し、貢献した相手が幸せになった結果として、利益がもたらされるのです。

企業の目的は利益ではありません。利益はあくまで手段であり、世のため人のための製品やサービスによって人々を幸せにすることこそが企業の真の目的なのです。本業を通じて社会貢献する。そして人々を幸せにする。お客様だけではなく、社員やその家族、取引先、株主、地域社会、さらには地球環境など会社を取りまくすべてが社中です。その社中全体を幸せにする。これが本当の経営なのです。

皆さんの会社は、本当に社員が幸せを感じているでしょうか。社員の家族は幸せを感じているでしょうか。お客様は幸せを感じているでしょうか。取引先は幸せを感じているでしょうか。株主は幸せを感じているでしょうか。そして地域社会に貢献しているでしょうか。

これらのことを再度見つめなおしてほしいと思います。そのすべてが幸せになっていないのだとしたら、どこか企業が偏っているのだと思います。単に利益を上げること、株価を上げることだけが企業経営だと思っている経営者が昨今増えていますが、それだけを追求していく企業は長続きしません。

社中全体に対する幸せに目配りをしていくことが経営であり、企業の本質は社会貢献だということを理解し、実践することが本当の王道経営であり、本当の経営者ではないかと思います。これからは王道経営を行っている会社に、人もお金も集まってくるのです。

今、企業の競争は変わりつつあります。少し前までは1円でも多く売ろう、1円でも安く売ろう、という売上競争でした。

しかし、これからの競争は、お客様を幸せにする競争です。追求すべきものは、お客様を喜ばせるための方法であり、役に立つ方法であり、その結果が利益なのです。

究極を言うと、「儲ける」のではなく、「儲かるようにする」ことが大事です。ぜひ、お客様に幸福を与える競争をしていただきたいと思います。他の企業に負けるな、他の店舗に負けるなという競争ではなく、お客様と真正面から向き合い、お客様にとってどうすれば本当に満足してもらえるかということを、「これでもか、これでもか」、「どうすれば、どうすれば」、「何をしたら、何をしたら」と考え抜く。そしてそれを実践する。そこに企業の価値があるのであり、お客様の幸せを見いだした先に利益があるのです。

この考え方を理解していただき、世の中の幸せを考える社風づくりに取り組んでもらえれば、皆さんの会社はきっと永続できるはずです。社会から愛され、尊敬され、永続的に繁栄する企業になりましょう。

『日本でいちばん大切にしたい会社』(あさ出版)という本の著者である、元法政大学大学院・坂本光司先生は、「長寿企業は、やり方ではなく在り方を重視していること。会社が何のために存在しているかを忘れてはならないということ。会社の存在理由とは関係する人々すべてを幸せにすることであり、企業は社会みんなのものである」とおっしゃっています。

また経営者については、「自分は最終ランナーではなく、中継ぎランナーであり、経営というバトンを渡すという自覚を持たなければいけないこと、そして次の経営者には負の遺産を残すことなく、前に自分が受け継いだときよりもさらに磨きをかけて渡さなくてはならないという意識を持つことが必要だ」と主張されています。

人を幸せにするのが経営であり、その経営を行う場所が会社です。そのことをしっかり理解していただき、人の幸せを考える社風づくりを実行していただきたいと思います。そのためにも、第4章の冒頭で申し上げたような社是や企業理念をつくり、いかに浸透させるかを全身全霊で考え、会社が向かっていくべきビジョンを再度確認していただきたいのです。

そしてビジョンを達成するための戦略をもう一度確認し、PDCAA、具体的に申し上げると、必ず仮説を立てて実行し、その結果がどうなったかを振り返り、反省し対策を立て、その対策がどのような効果を上げたのかをきちんと精査したうえで、再び仮説を立てて実行するというサイクルをしっかり回し、チェックするためのKPI、つまり「重要業績評価指標」を明確に定めていただきたいと思います。

ビジョンを達成し、社会に愛され尊敬されるような企業になっていただければ幸いです。

企業の財務的価値よりも人間的側面が大切

これからの時代は、企業の財務的価値ではなく、あの会社には良い人材がいる、立派な人材がそろっていると言われるような企業を目指すべきであり、人間的側面が差別化を図るポイントになります。

どれだけ儲かっていても、周りから「あの会社の社員は良くない」と言われる企業は、そのうちお客様が離れ、売上も落ちていくでしょう。

反対に今は儲かっていなくても、「あの会社の社員はみんな気持ちがいい」と言われる企業は、お客様に愛されて売上も伸びていく可能性があります。

伊那食品工業の最高顧問の塚越寛氏もおっしゃっていますが、「良い会社」と「いい会社」の違いとは何か、そしてどちらの会社を目指すべきかということなのです。

銀行や証券会社などの金融機関が言う「良い会社」というのは、「利益が出ている」、「配当が高い」、「ROE（自己資本利益率）が高い」という会社です。ところがお客様はそんなことを意識しません。お客様が「あの会社はいい会社」だと言った場合、社員がいい、サービスがいい、商品がいいということです。自分たちに満足を与えてくれるのが「いい会社」であり、財務的価値がどうあるのかというのはお客様には関係ないのです。ぜひ、皆さんには「良い会社」と言われるよりも、「いい会社」と言ってもらえるような会社を目指してほしいと思います。すべての事業はお客様から、そして社会から1つでも多くの「ありがとう」をいただくためにあるのです。

どのようにしたらその一言を言ってもらえるかを真剣に考え、創意工夫をすることに、経営の本質はあるのです。

助け合いと相互承認の時代

前述したように、私はもう企業間競争の時代は終わったと思っています。同業他社を助けるのは損かもしれないという考えを手放して、これからは進んでお互いを助けるという考え方が必要ではないでしょうか。

そのためには利他の価値観が大切になってきています。今の時代は物質の豊かさから、心のつながりの時代へと入っているのです。

日本の実質GDPも2006年頃から微増にとどまります。つまり物質的な豊かさがすでに行きわたっている今、人々の関心は消費することよりも、心のつながりに向かっているのではないかと思っています。モノがまだ豊富になかった時代は、とにかく企業間競争によってより多く、より安く売ることを繰り広げたわけです。ところが今やモノは溢《あふ》れているので、いくら値段を安くしても、いくら高機能にしても、売れません。だからこそ、お客様の心の満足感を充足することを、企業が提供していく必要があるのです。

本当の経済とは一人ひとりが自ら与えられた創造性を発揮して、社会や他の人々に役立てることです。この「相手に役立てる」ところに大事なポイントがあります。

20世紀に重視されたのはモノや仕組みでした。21世紀は心や絆《きずな》という、目に見えない「つながり」がより重視されるようになると考えています。

人間のつながりを方向性で表すと、20世紀は上下の関係でした。21世紀は横の関係であり、皆が対等になっていくでしょう。

例えば、会議や仕事の進め方も、20世紀は上の人が下の人に役割を振り、何かあったときは、上の人が責任を取るという形でしたが、21世紀は一人ひとりが自分で仕事を進めていく形になります。

自発的に仕事ができるから楽しいし、自分1人でできないことは、他の人と協力しながら仕事を進めていく時代になってきたような気がします。

また20世紀における信頼関係は、保険や契約、実績で成り立っていましたが、21世紀の信頼関係は、安心、お返し、感謝という表現になるのではないでしょうか。

マネジメントはもはや管理ではなく、お互いの力を引き出し合うものだといえるでしょう。とにかく自分ができることを、まず相手にしてあげること。そして自然とお互いに、「してもらったり」、「してあげたり」という関係が生まれることで、豊かな関係性がそこに広がってくるのです。

私は企業内における人間関係にとって大事なことは、社員やスタッフ同士の相互承認だと思います。

人や部署との関係をライバル視するのではなく、「人を蹴落としてもいい」とか、「自分の部署さえ良ければいい」と考えるのではなく、いかにして部署や立場を超えて、人と人がつながっていくか、認め合うかという相互承認が、企業をパワーアップする1つの方法ではないかと考えています。

志のような、1つの目標に向かって行く集団となり、惜しみなく能力を出し合い、一緒につくれる喜びを感じることが、お互いに幸せな仕事ができる何よりの方法です。自分自身にとっての幸せ、相手にとっての幸せ、社会にとっての幸せを真剣に探し、求めるところに本来の仕事の本質があるのです。これは時代を越えた共通の原則です。

またこれからは、「天分《てんぶん》」で仕事をしていくことが求められます。「天分」とは、誰からも教わってないのに、なぜかうまくできたり、その人が輝ける仕事だったり、場所であったりします。すなわち「天があなたに与えたもの」を活かして仕事をすることが大切なのです。

自分の天分を活かせるようになると、それをさせていただいていることに対して感謝や優しい気持ちが無条件に起きてきます。

天分を活かして仕事をしていると追い風が吹きます。

物事がうまく運んだり、助けてくれる人たちが集まってきたりします。「天があなたに与えたもの」を活かして、自分が本心からしたいことをできているかどうかが大変重要なのです。

そして相手の幸せのために本心から何かしてあげたいと思うとき、予想外のひらめきが起きます。私たちが自分の天分を活かして働くのは、周りの人々を笑顔にするためであり、自分だけが得をするとか、自分だけが利益を得るということが目的ではないのです。

組織をマネジメントする際の要諦《ようてい》は、人の力を引き出し、お互いが天分を出し合い、尊敬し合い、高い価値観を共有し、感謝し合うことです。それこそが幸せな状態だといえるでしょう。

企業とは、そういう幸せの輪を広げることを通じて、社中みんなを幸せにするための場であると思います。その幸せを生み出す構成要素は「仕事の幸福」、「人間関係の幸福」、「経済的な幸福」、「身体的な幸福」、「地域社会の幸福」の5つです。

社員全員が仕事に対して、仲間に対して、経済的なものに対して、健康に対して、地域社会との関わりに対して、本当に幸せだと感じられるような経営をしてほしいと思います。

川越胃腸病院が追求する組織づくりの妙

先日、私は川越胃腸病院の院長先生に、お話を聞く機会を得ました。この病院は超一流のホスピタリティーで注目を浴びている医療機関です。この院長先生は、「医療は質の高いサービス業でなくてはならない」という信念のもと、患者さんや社員の求める幸せを追求し、人を満足させる経営の実践ということを掲げて病院経営をされています。

私はそこで院長先生といろいろな話をさせていただいたのですが、この病院で働く医師や看護師たちスタッフの目的は、「患者さんの笑顔を見たい」ということで一致していることがわかりました。どうすれば患者さんに幸せを感じてもらえるかという一点を目指しているのです。その目的と方向性さえ一致していれば、やり方は任せているということをおっしゃっていました。

例えば、各フロアの食事の時間や装飾などについても、すべて各フロアの看護師長が自分の判断で自由にできるのです。経営者とスタッフとの間に、強固な信頼関係ができていることに驚かされました。これはまさしく先ほど述べたパブリックスやリッツ・カールトン・ホテルのように、スタッフに権限を任せているところと共通しています。

この病院の看護師たちは、「私たちの誇りは仲間です」と言いきっています。そして、「うちの組織に、個人というものを主張しているスタッフはいません」とも言っているのです。この病院では、個人主義の人や、自分の目的を優先する人を、採用の時点で採らないようにしているそうです。横のつながりが強固で、医師だけが主役ではないフラットかつ、1つのまとまりのある組織をつくっているのです。

また、病院の医師が看護師を認める組織は多々ありますが、医師が事務職を認めている組織というのはあまりないそうです。しかし、この病院の副院長がある飲み会で、「うちの事務は日本一です」と言っていたのを聞いたことがあるともおっしゃっていました。それは事務職の皆さんの仕事の能力、患者さんたちに対する姿勢などの仕事の質を心から認めていることなのだと思います。

このように、相手を認め信頼すると良いコラボレーションが生まれてくるのです。一緒に仕事に取り組みながら、1つの融合体としてパートナーシップの絆をつくることが必要だと思います。

院長先生は昔、なぜ話がここまで伝わっていないのかと考えたときに、価値観が違う人を安易に採用してしまったからだということに気がついたそうです。

人を採用するということは、その人の人生を預かることであり、病院にとっても患者さんにとっても一番大切なことなので、院長先生は現在、人の採用に仕事の大半を割いているそうです。この川越胃腸病院は日本中から医師、看護師、事務職の人が集まってきています。人手不足が叫ばれる中においても、この病院だけはそれをまったく感じないとおっしゃっていました。

そしてこの採用方法がまた独特です。

院長先生は、最初に面接したときに自分の哲学や理念を応募者にしっかりと伝えたうえで、本当に理解してもらえたかどうかを、応募者に後日レポートを提出させて確認するそうです。院長先生から聞いたことを、家に帰ってもう一度思い返してからレポートを書くので、応募者も真剣に考えることができますし、院長先生も応募者の理解度を測ることができます。そしてその次の面接でわからなかったところを質問してもらい、また話し合うということを複数回行った末に採用するそうです。

このようなやりとりで、なかには6、7年かかって採用された人もいるとのことでした。

しかし、採用に時間をかける代わりに、この病院には「仕事が嫌だ」、「忙しい」という理由で辞めていく人はいないそうです。

私はかつて、京セラの稲盛和夫氏に「採用は命だ」と教えられました。「人を採用したいという気持ちが先に立ち、聞こえがいいことばかりを言ってしまうと、その人が実際に入社したとき、最初に聞いた話と違うということでこの会社を選んだことを後悔するし、また会社側もその人のことをよく見ずに採用したため、どうしてこんな人を採用してしまったのだろうと後悔することになる」とおっしゃっていました。

採用をいい加減にするから、お互いが不幸になるのです。採用時には徹底的にお互いが話し合い、企業理念、哲学が合うかどうか確認すること。それをしなければ、会社も個人も後悔することになるのです。川越胃腸病院の院長先生は、まさにそれを実践していらっしゃったのです。

またこの採用方法により、川越胃腸病院はスタッフに極めて高い権限が与えられています。

採用時に川越胃腸病院の哲学、院長先生の考え方を完全に理解してもらったうえで働くことになるため、院長ならば多分こうするだろうということをスタッフが皆、自分で考え、自分の判断で行動するため、稟議書《りんぎしょ》がないそうです。その話を聞いて私は大変驚きました。前章でお話ししたようなパブリックスやリッツ・カールトン・ホテルの在り方と非常に類似していることに改めて気がついたのです。

伸びている企業は、社員同士がお互いを認め合っているため、自己肯定感や仕事のやりがいにつながり、それぞれのモチベーションを最大限に発揮することで、組織の輪を良い方向に広げることができているのです。

価値観を共有できる人が半分以上になると、価値観の合わない人たちも自然に価値観が合うようになるか、そうでなければ辞めていきます。最初から価値観が合った人ばかりが集まっていたわけではないのでしょうが、この院長先生はその価値観がいかに大事なものかということに気がついて、途中から採用に時間をかけ、理念や哲学を理解できる人だけを採用する方法に切り替えました。その結果、今では完全に価値観が同じ人たちだけが残っているそうです。

また院長先生は、「感謝の気持ちは相手に伝わるようにしよう」とよくおっしゃっていて、病院内では「ありがとう」という言葉が飛び交っているそうです。良い組織をつくるうえで、「ありがとう」という言葉と態度で接することはもっとも大事なことだと、最後に強調なさっていました。

コーズ・リレーテッド・マーケティング

この章の終わりに、企業の社会性についても一言触れておきましょう。CRMという言葉をご存じでしょうか。コーズ・リレーテッド・マーケティングと言って、社会が直面しているさまざまな問題解決の支援に、自社のブランド、あるいは商品・サービスを関連付けて展開するマーケティングです。結果として、「同じような商品を買うならば、あの企業から買おう」と、消費者に賛同を得られる効果があります。

古くは1983年のアメリカ建国200周年に、アメリカン・エキスプレスが行った「アメリカの自由の女神修復プロジェクト」が有名です。本業と支援を結びつける形で、アメリカン・エキスプレスのカード会員になったら1枚につき1ドル、カードを使用したら1回につき1セントを、その修復のために寄付するというプロジェクトを実施したのです。そして寄付総額170万ドル、カード利用額28%増、新規カード会員は45%増という素晴らしい結果を生み出しました。

また、ピンチをチャンスに大きく変えた例もあります。

ナイキはかつて、開発途上国における労働問題でバッシングされたのですが、工場の問題点を誠実に調査・是正すると同時に、世界中の多国籍企業の労働環境を調査するNGOを設立し、労働環境の改善に尽力することを決めました。また、人種差別撲滅にも乗り出し「STAND UP SPEAK UP」キャンペーンを実施しています。そして、このキャンペーンのリストバンドの販売収益を、人種差別撲滅のための団体に寄付しました。

当時のアメリカにはまだ、黒人と一緒にバスに乗りたがらない、あるいはレストランで近くに座りたがらないなど、黒人への差別問題が残っていたため、黒人たちはどうせ靴を履くならばと、人種差別撲滅のために支援してくれているナイキの靴を履くようになったのです。プロ野球やバスケットや陸上競技のたくさんの黒人選手がみんなナイキを履いたことにより、一流選手はナイキを履いているというブランディングが起こり、一流選手にあこがれて白人までがナイキのシューズを履くようになりました。こうしてナイキのブランドが、世界中に広がったのです。

日本でも2007年から2016年まで毎年、キリンビバレッジが「ワンリッターフォー テンリッター」というキャンペーンを行いました。これはボルヴィックというミネラルウォーターを買うことで、安全な水へのアクセスを必要としていたマリ共和国に井戸や給水施設をつくるためのお金を寄付できるという内容でした。その活動期間の10年間で総額約3億円を集めました。「どうせ水を買うなら、少しでも人の役に立てるボルヴィックを買おう」という考えが広まり、特に初年度はボルヴィックの売上が前年比131%と、大きく伸びたのです。

また森永製菓は、「1チョコ for 1スマイル」というキャンペーンを行い、チョコレートの対象商品の売上1個につき1円を寄付することで、カカオ生産国の子どもたちの教育環境整備の問題に取り組んでいます。2008年から10年間の累計寄付金額は2億円を超えています。

このように、日本企業もCRMに取り組む社会性のある企業が増加してきています。

また最近では、大量生産や環境破壊、労働搾取などの悪影響が問題視され、ＥＳＧに重点を置いた経営が広がってきています。ＥＳＧという言葉になじみのない方もいらっしゃると思いますが、Ｅはエンバイロメント（環境）、Ｓはソーシャル（社会）、Ｇはガバナンス（企業統治）の頭文字を取ったものです。

消費者や投資家が企業に透明性を求めるようになり、企業がＥＳＧに真剣に取り組んでいるかどうかを見極めようということで話題になりました。２００６年頃からある考え方ですが、国連が２０１５年に持続可能な社会のために、17の目標からなるＳＤＧｓ（持続可能な開発目標）を定めたことをきっかけに一気に認知度が高まりました。どちらも環境、社会、経済に密接にかかわるもので、ＳＤＧｓが目標であるならば、ＥＳＧはその目標を達成するために企業が取り組む手段という関係性になります。

これまでは世界的な問題やさまざまな危機が起こると、国連が中心になってＮＧＯや国際機関などがイニシアチブを取り、問題解決に取り組んできたわけですが、民間企業にも問題解決のための協力を求めるようになってきたのです。

手段を選ばずマイナス面も考慮せず、なりふり構わずに利益のみを追求するという経営は、もはや時代遅れになったのです。

昨今の気候変動や環境破壊は、明日の世界に影響を及ぼしかねません。この取り組みは、事業規模の大きなグローバル企業に限ったことではなく、地域密着型の中小企業にも共通するものです。したがって、企業としてＥＳＧを無視することはできません。

国連でＳＤＧｓが採択されてから、消費者の行動もどんどん変わってきています。必要最低限のものしか持たないというミニマリストや、フリマアプリの台頭、大量消費を否定した消費の転換などは、まさにその流れといってもいいでしょう。

消費者の意識はもちろん価格に向けられてはいます。ただし安いから売れるわけではなく、信頼性などの企業の姿勢が購入のポイントになっています。ＥＳＧを取り入れることは、現在、企業に求められている社会的責任のＰＲになります。似たような商品であれば、持続可能なビジネスをしている企業の製品のほうが、より消費者に支持されるのは当たり前のことですし、ＥＳＧ経営は消費者が企業を選択する１つの基準になります。またそれと同時に、企業のブランディングにもなります。

逆に言えば、ＥＳＧ経営を取り込まなければ、近い将来、非常に厳しい洗礼を浴びることになるでしょう。

企業は社会との関係を重視すべきであり、利益を多く出しているからすごい会社なのではなく、いかに社会的課題に取り組んでいるかという、その一点こそが生活者や消費者に支持される時代になってきているのです。

これまで述べてきた数多くの企業の例を参考にして、できることから1つずつ取り組んでいただければ幸いです。

最後に、ESGやSDGsにチャレンジすることで本業を伸ばしている中小企業及び小規模事業者の事例を紹介します。

ケース1 SDGsを自社の稼ぐ力向上に活用、新規顧客獲得や社内活性化に効果

印刷業を営むA社は、地域でも歴史のある会社で、以前からCSR活動には積極的に取り組んでいました。しかし、インターネット印刷などの新たなビジネスモデルの台頭により、価格競争に悩むようになります。企業が社会貢献や社会課題解決を行うのは当然として、こうした活動を自社の稼ぐ力の向上に結びつけていかなければならないと、問題意識

を持つようになりました。

そこで注目したのがＳＤＧｓです。ＳＤＧｓには、国内外の社会課題が整理されており、中小企業でも本業を通じてこれに取り組むことで、ビジネス機会の獲得につながると考えたのです。自社で行う印刷を再生可能エネルギー１００％で可能とし、ゼロカーボンプリントを導入するなど、積極的な「環境印刷」に取り組むようになりました。

また、組織横断の商品開発プロジェクトを立ち上げ、ＳＤＧｓの17のゴールを整理したメモパッド、日本初の４カ国語版お薬手帳、白内障・色弱者の方にも読みやすい卓上カレンダーなど、ＳＤＧｓを意識した新製品開発にも成功しています。

その結果、ＳＤＧｓに積極的に取り組む企業として広く認知され、ＳＤＧｓに関心の高い企業との取引が年間約50社ペースで増加しているそうです。また、ＳＤＧｓを旗印に職場環境の改善が進み、多くのアイデアが発信されるようになり、社員のモチベーションアップにもつながっています。

ケース

2

日々排出される廃棄物に着目、新商品開発に成功

２０１７年、食品会社としてスタートしたＢ社は、業務用デザートを生産していました。その際、大量の卵殻が毎日のように廃棄されていたことに着目し、卵殻を産業廃棄物として処理するのではなく、持続可能な資源へ転換できないかと考えるようになりました。研究を重ねた結果、細かく砕いた卵の殻をプラスチックやパルプ繊維と混ぜ合わせることで環境に優しい新素材の開発に成功。バイオ由来の原料ゆえに、環境負荷がないプラスチックやパルプの代替として利活用することでＣＯ２削減に貢献することが期待されています。

ＳＤＧｓに積極的に取り組む企業・役所からも注目を集め、食堂のお箸《はし》や名刺など、環境に優しい代替素材として採用実績を増やしています。

また地域の自治体が推進するＳＤＧｓプロジェクトの推進役としても活躍しています。ＳＤＧｓの指南役として地元を中心とした多くの企業にアドバイスしたり、素材提供を行ったりしていますので、自然とビジネスチャンスも生まれていくことでしょう。

ケース
3
三方良しかつエコなビジネスモデルでブランド強化

3代目の若社長が率いるC社は、もともと木工所として創業し100年企業を目指しています。しかし15年程前から建設業界の不況があり、下請けの仕事が減っていました。父親である先代社長と「新規事業をやらないと」と話をしている中、新たなビジネスチャンスとして注目するようになったのは、以前取り扱ったことのある古木を生かした店舗づくりです。空き家となった古民家が社会問題化し壊されている中、建築を扱う企業として地域課題の解決に貢献したいという思いもありました。

従来、取り壊しをする古民家の木材は廃材として処理されていました。同社はその廃材を古木として買い取ることで、所有者が負担する解体費用が減り、古木は新たな場所で生かされるという三方良し、かつエコなビジネスモデルに取り組んでいます。

古木にしか出せない独特な風合いが受け、地元だけでなく東京の有名企業からも引き合いをもらえるようになりました。古木を使った設計施工受注は8年で約400件を数えるまでに成長しています。「古木」は同社にとってブランドになり、営業面だけでなく採用面でも注目を集め、職人の若返りも進んでいるということです。

今回の事例はＳＤＧｓという視点から入ったもの、結果としてＳＤＧｓに合致する取り組みになったもの、両方のアプローチから紹介しました。本業についてＳＤＧｓという視点で見つめ直し、自社でできることを考えることは、会社が大きく変化できる好機になります。

ぜひ「ＳＤＧｓ」や「ＥＳＧ」というキーワードにアンテナを立て、自社に何ができるか、どんなチャンスがあるか検討してみてください。本書をきっかけに、読者の皆さんが何か新しいことにチャレンジされるきっかけになればうれしく思います。

おわりに

2020年に猛威を振るった新型コロナウイルス感染症の影響は今も続いています。世界経済は大きな打撃を受け、日本でも特に観光業や飲食業、また体力のない中小企業及び小規模事業者は厳しい状況におかれました。

これからも中小企業及び小規模事業者を取り巻く環境は、目まぐるしい変化が続いていくでしょう。カーツワイル博士が未来予想した「技術的特異点（シンギュラリティ）」の概念のように、21世紀のある時点で人間の知性を超える機械の「スーパーインテリジェンス」が出現すれば、さまざまな職種がコンピューター化によって失われ、さらに大きな変化が起きてくると思います。

こうした変化に備えることは大切ですが、恐れすぎることはありません。かつても産業革命によって大きな社会変化が起こり、たくさんの仕事が失われました。しかし同時に、新たに生まれた仕事もあるのです。

このように数々の変化に対して一喜一憂することなく、その本質をよく理解してチャンスを見いだすことにより、大きく前進することもできると考えています。「変化はチャンス」と言います。「経営は環境変化に対する適応業」と昔から言われているとおり、大きく社会が変化しているときだからこそ、大きくチャンスがあるのだということを私たちは考えなくてはなりません。この変化にどのように適応していくのかが勝負だと思います。

そのためには、この時代の変化に抵抗するのではなく、「新しいあたりまえ」として受け入れることが必要です。これまでの既成概念にとらわれた判断基準ではなく、これから社会で何が求められるのか、新しい時代にどう対応すべきか、未来志向で考えていただきたいと思います。私はまさに今、そういう時代の到来を感じ、本書を記した次第です。

経営は永続がすべてです。そして永続するために利益が大事です。しかし、その利益を出すためにはお客様を大切にし、「ありがとう」の一言をもらうために努力しなくてはなりません。そのためにも、時代が変わっても変わらないしっかりとした理念をつくり、そして大きなビジョンをつくり、中長期的な計画、そしてKPIをチェックしながらPDCAAを回していかねばなりません。そうすれば、皆さんの会社も大きく進歩することができると信じています。日本は99・7％の中小企業及び小規模事業者が支えていることを忘れないでください。

ぜひ、本書が皆さんの飛躍の一助となれば幸いです。そして、皆さんの会社が末永く続き、社員、家族、顧客、株主、取引先、地域社会すべてにとって、必要な存在となり、幸せになることを願っています。これからも厳しい状況が続くかもしれませんが、困難の中にチャンスがあるということを信じ、皆さんにとって素晴らしい未来が来ることを祈念して筆をおきたいと思います。

なお出版に当たり、企画・構成・制作にあたって大変お力添えをいただいた戸田陽子氏、鈴木雅光氏、フォーバルスタッフのご厚意に心より謝意を表します。

２０２１年１月

大久保秀夫

主な参考文献

・太田美和子『パブリックスの「奇跡」—顧客満足度全米ＮＯ．１企業の「当たり前」の経営術』ＰＨＰ研究所（２００６／７／１）
・高野登『リッツ・カールトンが大切にするサービスを超える瞬間』かんき出版（２００５／９／６）
・兼安暁『成功するＤＸ、失敗するＤＸ』彩流社（２０２０／８／11）
・市川覚峯『経営道—心と道の経営（幸せ創造企業への道）』致知出版社（２０１６／６／30）
・デービッド・アトキンソン『コロナと大震災の二重苦に備えよ』Ｖｏｉｃｅ（２０２０年７月号）
・『法人版事業承継税制の活用事例』中小企業庁　財務課（２０１９／９／27）
・『「経営者保証に関するガイドライン」の活用に係る参考事例集』金融庁（令和元年8月改訂版）
・『中小企業ＤＸプロジェクト案　～テレワーク時代における中小企業ＤＸ推進～』株式会社ブロードバンドタワー
・『王道経営』株式会社フォーバル
・『中小企業経営者の実態　For Social Value ブルーレポート（２０１９年版）』株式会社フォーバル

●著者略歴
大久保秀夫（おおくぼ・ひでお）
1954年、東京都生まれ。國學院大學法学部卒業後、アパレル関係企業、外資系英会話教材販売会社に就職するものの、日本的な年功序列体質や人を使い捨てにする経営方針に納得できず退社。1980年、25歳で新日本工販株式会社（現在の株式会社フォーバル　東京証券取引所 市場第一部）を設立、代表取締役に就任。電電公社（現NTT）が独占していた電話機市場に一石を投じるため、ビジネスフォン販売に初めてリースを導入し、業界初の10年間無料メンテナンスを実施。1988年、創業後8年2カ月という日本最短記録、史上最年少（ともに当時）の若さで店頭登録銘柄（現JASDAQ）として株式を公開。同年、社団法人ニュービジネス協議会から「第1回アントレプレナー大賞」を受賞。その後も、情報通信業界で数々の挑戦を続け、上場会社3社を含むグループ企業33社を抱える企業グループに成長させた。2010年、社長職を退き、代表取締役会長に就任。会長職の傍ら、講演・執筆、国内外を問わずさまざまな社会活動に従事。カンボジアにおける高度人材の育成を支援する「公益財団法人CIESF（シーセフ）」理事長も務める。さらに一般社団法人公益資本主義推進協議会 代表理事、東京商工会議所副会頭・中小企業委員会委員長なども務めている。『最高の生き方』（ビジネス社）、『みんなを幸せにする資本主義―公益資本主義のすすめ』（東洋経済新報社）、『在り方』（アチーブメント出版）など著書多数。

「新しいあたりまえ」時代の到来

2021年3月1日　　第1刷発行

著　者　大久保　秀夫
発行者　唐津　隆
発行所　株式会社ビジネス社
〒162-0805 東京都新宿区矢来町114番地
神楽坂高橋ビル5階
電話 03(5227)1602　FAX 03(5227)1603
http://www.business-sha.co.jp

カバー印刷・本文印刷・製本/半七写真印刷工業株式会社
〈編集協力〉鈴木雅光（ジョイント）
〈カバーデザイン〉大谷昌稔　〈本文DTP〉茂呂田剛（エムアンドケイ）
〈編集担当〉本田朋子　〈営業担当〉山口健志

ISBN978-4-8284-2254-1